Andrea Erkert

Mobbing fängt klein an

Kinder an das Thema „Mobbing" heranführen und für das eigene Handeln sensibilisieren

Andrea Erkert

Mobbing fängt klein an

Kinder an das Thema „Mobbing“ heranführen und für das eigene Handeln sensibilisieren

Unser Buchprogramm im Internet: www.verlag-modernes-lernen.de

Externe Links

Der Verlag weist ausdrücklich darauf hin, dass eventuell im Text enthaltene externe Links vom Verlag nur bis zum Zeitpunkt der Buchveröffentlichung eingesehen werden konnten. Auf spätere Veränderungen hat der Verlag keinerlei Einfluss. Eine Haftung des Verlages ist daher ausgeschlossen.

Veröffentlicht in der Edition:
verlag modernes lernen Borgmann GmbH & Co. KG
Schleefstraße 14 · D-44287 Dortmund

Gesamtherstellung in Deutschland: Löer Druck GmbH, Dortmund

Titelillustration: © Christian Schwier – stock.adobe.com
Schrift: Alegreya Sans

Bestell-Nr. 1324 ISBN 978-3-8080-0894-2

Inhalt

Vorwort

Abwerten, ausgrenzen, beleidigen, bloßstellen, schubsen und schlagen: Mobbing kann so viele Gesichter haben und bereits Kinder im Grundschulalter betreffen.

Mobbing unter Kindern ist nämlich kein normaler Konflikt, sondern ein schleichender Prozess, der häufig mit einem konkreten ungelösten Konflikt beginnt. Es sind meist mehrere in einer Klasse beteiligt, die andere Kinder zum Mitmachen anstiften können. Die übrigen Kinder halten sich aus der Situation heraus, damit sie nicht auch noch Zielscheibe von gezielten Mobbing-Attacken werden, **die wiederholt und über einen längeren Zeitraum** vorkommen und für das betroffene Kind meist schwer zu verkraften sind. Solch ein Kind wird in diesem Buch bewusst nicht als „Mobbing-Opfer" bezeichnet, denn die Kinder, die von anderen gemobbt werden, sollen möglichst nicht in ihrer passiven Opferrolle verharren, sondern als aktive Betroffene nach Möglichkeit ihr Handlungspotenzial nutzen und sich dabei stets bewusst machen, dass sie weder hilflos sind noch mit ihren Problemen alleingelassen werden.

Wichtig zu wissen: Kein Kind trifft Schuld, wenn es von anderen gemobbt wird!

Die Gründe liegen meist bei denjenigen Kindern, die andere mobben. Viele von ihnen fühlen sich stark und überlegen, wenn sie Schwächere physisch und psychisch verletzen können. Manchmal geben sie einfach nur das weiter, was ihnen selbst in ihrem sozialen Umfeld widerfahren ist. Weitere Ursachen können Wut, Neid, Frust, Unzufriedenheit, Langeweile, ein geringes Selbstwertgefühl, unzureichende Konfliktfähigkeit, Leistungskampf in der Klasse und nicht zuletzt ein schlechtes Klassen- und Schulklima sein.

Die gezielten Attacken werden von den Ausführenden häufig bagatellisiert und sind für die Lehrer*innen und Erziehungsberechtigten nicht immer so leicht zu erkennen, denn Mobbing ist eine Form von offener und/oder versteckter Gewalt.

Je nach Dauer, Häufigkeit und der Stärke des Mobbings kann das weitreichende und langfristige Auswirkungen für das betroffene Kind haben. Die Bandbreite reicht von Bauchschmerzen bis hin zum Schulwechsel. Im Extremfall besteht sogar Selbstmordgefahr.

Es ist also überaus wichtig, dass die Kinder altersgerecht und vor allem auch regelmäßig mit den Themen „Mobbing", „Cybermobbing" und „Gewalt" bereits in der Grundschule konfrontiert werden, damit es erst gar nicht soweit kommt.

Kein Kind möchte so wie das Schaf ganz oben rechts im Bild im Abseits stehen und somit von den anderen ignoriert und ausgegrenzt werden. Vielmehr wollen alle Kinder dazugehören und ein Teil der Klassengemeinschaft sein. Das muss unser aller Ziel sein, damit Mobbing, Cybermobbing und Gewalt keine Chance haben.

Die Anti-Mobbing Praxisideen aus diesem Buch

Dieser Praxisbegleiter enthält vielseitige und nahezu überall einsetzbare Spiele und andere Angebote gegen Mobbing, Cybermobbing und Gewalt unter Kindern im Grundschulalter.

Das Trainingsmaterial kann mit minimalem Aufwand im Unterricht eingesetzt werden. Auf verspielte Weise üben so Grundschüler*innen, ihren Blick für Mobbing, Cybermobbing und Gewalt im eigenen Umfeld zu schärfen, sich gegenseitig mit Respekt und Empathie zu begegnen sowie sich für ein faires und gutes Miteinander stark zu machen, sodass niemand ausgegrenzt und „fertiggemacht" werden kann.

Das Buch enthält 140 Anti-Mobbing Praxisideen, die Sie sofort mit Ihrer Klasse im Präsenzunterricht durchführen können. Auf jeder Doppelseiten finden Sie stets eine Praxisidee für die Klassen 1/2 und für die Klassen 3/4, die allesamt schwerpunktmäßig den einzelnen Kapiteln zugeordnet wurden. Für einen schnellen Überblick finden Sie bei jeder Praxisidee zudem die Angaben zu den benötigten Materialien, falls erforderlich, und die Angaben zum Zeitaufwand, sodass sich alles leicht im Unterricht einplanen lässt. Nicht zuletzt gibt es zu manchen Praxisideen auch eine Kopiervorlage, die Sie auf DIN A4 oder DIN A3 vergrößern können. Die kopierten Arbeitsblätter können die Kinder sowohl in der Schule als auch zu Hause ausfüllen, sodass sie sich nicht nur in der Schule mit dieser Problematik auseinandersetzen und dabei ihr vorhandenes Wissen nachhaltig vertiefen und erweitern können.

Sämtliche Praxisideen aus diesem Buch sind relativ schnell und einfach umsetzbar und bieten sich für Förder- und Grundschulen, aber auch für die Schulsozialarbeit geradezu an. Ziel ist es, aufzuzeigen, wie Mobbing-Intervention bereits bei kleinstem Verdacht und vor allem auch Mobbing-Prävention auf verspielte Weise und somit ohne erhobenen Zeigefinger in der Klasse aussehen kann, sodass sich alle Kinder im Klassenverband wohl und dazugehörig fühlen und nicht zuletzt voller Freude im Unterricht voneinander und miteinander lernen können.

Ich möchte Sie nun gerne gemeinsam mit Ihren Kindern dazu einladen, die Praxisideen aus dem Buch auszuprobieren und somit ein eindeutiges Zeichen gegen Mobbing, Cybermobbing und Gewalt zu setzen.

Ihre Andrea Erkert

Allein schon ein Plakat im Klassenzimmer, auf dem „Gegen Mobbing-Hand drauf!" steht, macht Groß und Klein jeden Tag aufs Neue bewusst, dass jede Form von Mobbing und Gewalt in der Schule nicht geduldet und toleriert wird.

Mobbing – was ist das?

Praxisideen, um die Klasse für das Thema „Mobbing" zu sensibilisieren und dabei das prosoziale Verhalten zu fördern

Der Begriff „Mobbing" kommt aus dem Englischen und bedeutet so viel wie (to mob) jemanden anpöbeln, angreifen und schikanieren. Dabei zeichnet sich aktives oder direktes Mobbing z. B. durch Beschimpfen, Bedrohen und Schlagen aus. Von passivem oder indirektem Mobbing ist dann die Rede, wenn ein Kind z. B. in der Pause ausgegrenzt wird, seine Sachen zerstört vorfindet oder erpresst wird. Dazu zählt übrigens auch das Verbreiten von Gerüchten mit oder ohne Hilfe von digitalen Medien. Bei einer derartigen gestörten Kommunikation geht es längst nicht mehr um die Sache, sondern um das betroffene Kind, das permanent zur Zielscheibe wird. Das betroffene Kind hat dabei einen enormen Leidensdruck und ist häufig nicht mehr in der Lage, aus eigener Kraft das Mobbing zu beenden.
Im ersten Kapitel sollen die Kinder an das Thema „Mobbing" herangeführt werden und erkennen lernen, dass nicht jede Kritik gleich Mobbing ist. Darüber hinaus sollen die Kinder spielerisch die häufigsten Formen von Mobbing wahrnehmen lernen, zu denen übrigens auch Cybermobbing zählt. Dabei setzen sie sich auch mit der Frage auseinander, wie Mobbing in der Schule ablaufen kann. Mithilfe von Rollenspielen und anderen Angeboten sollen sie u. a. begreifen lernen, dass es sich bei Mobbing um ein Kräfteungleichgewicht handelt, bei dem häufig „nur" ein Kind mehreren Mitschüler*innen und deren Mitläufern gegenüber steht. Dabei sollen sie auch verstehen lernen, dass die Übergriffe nicht „nur" einmal, sondern mindestens einmal in der Woche über einen längeren Zeitraum (Wochen oder Monate) erfolgen. Ziel ist es, dass sie erkennen, wo der Spaß aufhört und Mobbing anfängt.

Was ist Mobbing? Spielerisch sollen die Kinder erfahren, dass Mobbing nicht von heute auf morgen passiert, sondern ein schleichender Psychoterror ist. Dabei baut sich häufig eine Mauer des Schweigens auf, die das betroffene Kind alleine kaum durchbrechen kann. Damit es jedoch möglichst nicht so weit kommt, ist Aufklärungsarbeit bereits in Grundschulen das A und O.

Konfliktspirale

Zielgruppe: 1. und 2. Klasse

Material: 1 roter Wollknäuel, 1 Schere, für jedes Kind 1 Püppchen

Zeitaufwand: 10–15 Minuten

Spielverlauf:

Für dieses Praxisidee braucht jedes Kind ein kleines Püppchen. Zudem benötigen die Kinder einen langen roten Wollfaden, den sie spiralförmig auf dem Tisch platzieren. Die Kinder setzen sich um den Tisch herum und stellen ihre Püppchen hintereinander vor der Spirale auf.

Machen Sie nun den Kindern bewusst, dass z. B. Streitigkeiten und kleine Reibereien zum Schulalltag gehören. Indem man z. B. einfach damit aufhört, sich für einige Zeit aus dem Weg geht, sich entschuldigt oder einfach darüber spricht, können selbst größere Konflikte in vielen Fällen beendet werden. Wodurch kann sich jedoch ein Konflikt zwischen zwei oder mehreren Kindern verschärfen? Mögliche Antworten können z. B. sein: Missverständnisse, mangelnde Gesprächsbereitschaft, das Beharren auf Meinungen, die Wortwahl, Unaufrichtigkeit, Beleidigungen und Drohungen. Jedes Mal, wenn ein Kind eine richtige Antwort gibt, rücken alle der Reihe nach ihre Püppchen ein kleines Stück auf der Spirale entlang. Das geht so lange, bis sich das vorderste Püppchen im Zentrum der Spirale befindet und sich der Konflikt so verschärft hat, dass er dann eskalieren und in Gewaltanwendungen münden kann. Den Kindern wird so verdeutlicht, wie es zur Eskalation eines Konfliktes kommen kann, falls nicht rechtzeitig die Konfliktspirale durchbrochen und somit der Konflikt geklärt wird.

Insgesamt sollen die Kinder verstehen lernen, dass Konflikte durchaus normal sind und sie somit nicht immer die gleichen Meinungen, Interessen und dergleichen haben müssen. Dennoch ist es wichtig, Konflikte nicht zu ignorieren, sondern rechtzeitig zu klären, damit sie nicht eskalieren können.

Variante für 3. und 4. Klasse:

Im Gegensatz zu den o. g. Spiel bilden die Kinder eine Reihe. Dabei halten sie sich gegenseitig an den Schultern fest. Ausgehend vom vordersten Kind in der Reihe dürfen die Kinder nacheinander jeweils eine Antwort zu der o. g. Frage geben. Bei jeder Antwort führt das vorderste Kind dann alle übrigen jeweils einen Schritt auf der imaginären Spirale entlang in Richtung Zentrum.

Das Spiel ist aus, sobald das vorderste Kind nicht mehr weitergehen kann.

Mithilfe des Praxisangebots sollen die Kinder erkennen, dass Konflikte häufig einer typischen Dynamik der Konfliktspirale folgen, aus der beide Parteien immer schlechter aussteigen können. Damit jedoch ein normaler Konflikt erst gar nicht eskaliert und womöglich in Mobbing und Gewalt endet, müssen Kinder wissen, wie sie ihre Konflikte friedlich regeln können.

Alle gegen einen

Zielgruppe: 1. und 2. Klasse

Material: –

Zeitaufwand: 5–10 Minuten

Spielverlauf:

Alle gegen einen, finde ich nicht gut.
– *Mit der rechten Hand den linken Daumen festhalten.*
Denn dazu gehört absolut kein Mut.
Es ist feige, blöd und sehr gemein.
Nein! So möchte ich niemals sein.
– *Beide Arme nach vorne strecken und ...*
Lasst es nicht zu und ruft laut „Nein!".
– *... sich gegenseitig die Handflächen zeigen.*
Von Mobbing soll keiner betroffen sein!
– *Reihum auf die einzelnen Kinder deuten.*

Variante für 3. und 4. Klasse:

Die Kinder führen das Fingerspiel so wie oben beschrieben durch. Bei „Alle gegen einen" stampfen sie jedoch zusätzlich zu jeder Silbe einmal auf den Boden. Besonders kräftig stampfen sie dann auf den Boden, sobald sie „Nein!" rufen.

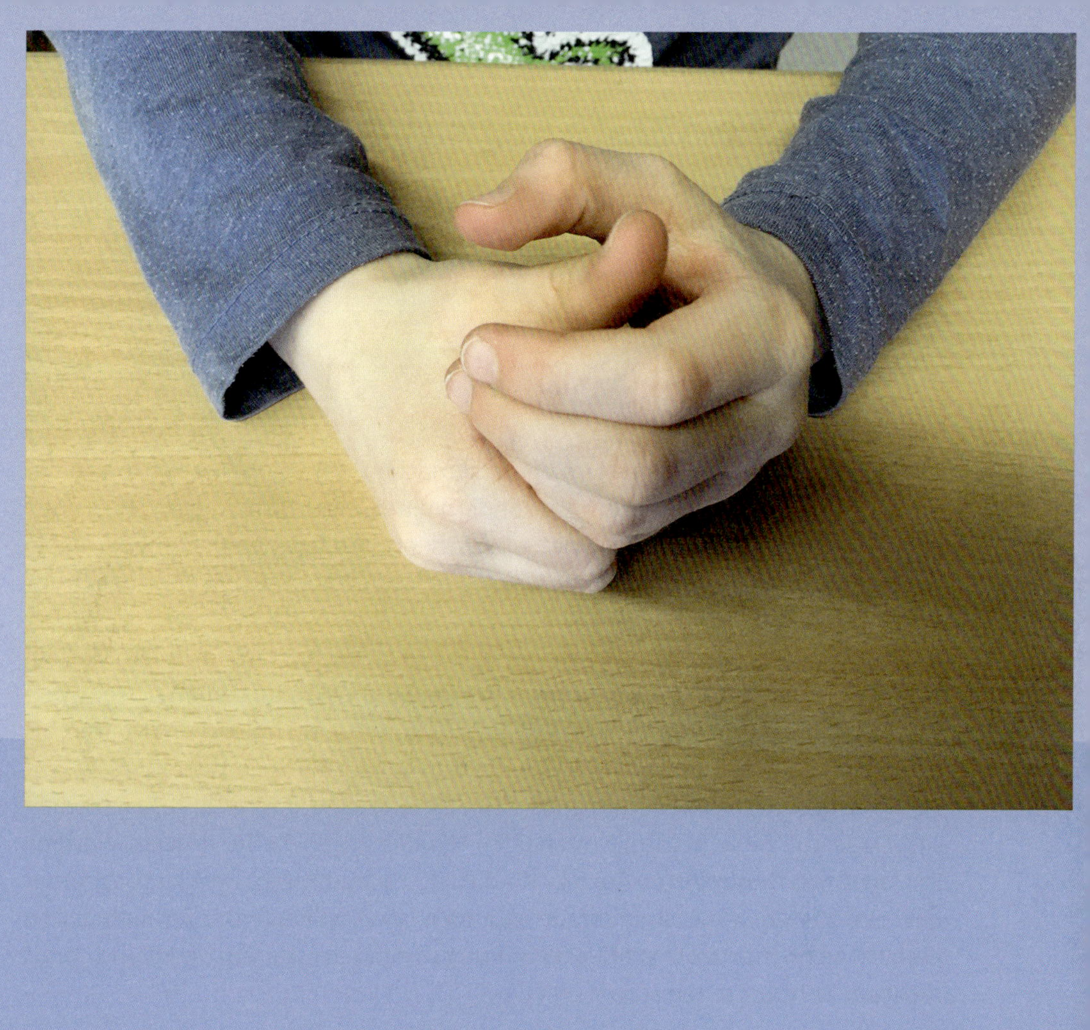

Mithilfe des Fingerspiels „Alle gegen einen" soll das Kräfteungleichgewicht, das bei Mobbing vorherrscht, den Kindern verdeutlicht werden. Umso wichtiger ist es dann, dass die Kinder lernen nicht wegzuschauen und sich, falls sie selbst davon betroffen sind, Rat und Hilfe zu holen.

Mobbing – ein Kräfteungleichgewicht

Zielgruppe: 1. und 2. Klasse

Material: –

Zeitaufwand: 5–10 Minuten

Spielverlauf:

Zu Beginn sollten Sie den Kindern bewusst machen, dass Mobbing kein normaler Konflikt zwischen zwei Kindern ist, sondern eine Gewaltform, die in der Gruppe entsteht, bei der meist ein Kind gezielt attackiert und fertiggemacht wird. Dabei hat das betroffene Kind kaum eine Chance sich zu wehren, da ein enormer Druck auf es ausgeübt wird.

Die Kinder sollen das Kräfteungleichgewicht spielerisch erfahren, indem sich ein beliebiges Kind vor die Gruppentür stellt. Zwei bis drei Kinder stellen sich eng beisammen vor der anderen Türseite auf. Auf Ihr Kommando hin, tut das Kind so, als ob es nicht eintreten kann. Es ruft den Kindern auf der anderen Türseite zu, es eintreten zu lassen. Die wiederum geben ihm zu verstehen, dass es draußen bleiben soll. Dabei tun sie so, als ob sie mit beiden Händen gegen die Tür drücken würden. Im Anschluss daran bitten Sie das Kind wieder einzutreten. Im Klassenzimmer darf es erzählen, wie es ihm gerade ergangen ist. Es ist bestimmt für niemanden einfach, wenn man trotz großer Bemühungen einfach ausgrenzt wird und somit nicht ein Teil der Gemeinschaft sein darf.

Variante für 3. und 4. Klasse:

Die Kinder setzen sich zusammen in den Kreis und bilden Kleingruppen.

Die Kleingruppen stellen pantomimisch ohne Utensilien der Reihe nach vor, wie ein Kräfteungleichgewicht aussehen kann. Dabei flüstern Sie jeder Kleingruppe, das was sie den anderen vormachen soll, ins Ohr.

Beispiele:

1. Seilziehen: Ein Kind zieht an einem und alle übrigen am anderen Seilende
2. Waage: Ein Kind tut so, als ob es auf einer und alle übrigen auf der anderen Waagschale sitzen würde. Dabei kann das Kind stehen und alle anderen auf dem Boden sitzen
3. Boxen: Ein Kind boxt gegen eine ganze Gruppe und geht K.o.

Einschüchtern, entmutigen und aus der Klassengemeinschaft drängen, ist ein Art von Mobbing und hinterlässt bei den betroffenen Kinder oftmals tiefe seelische Spuren. Die Kinder sollen sich spielerisch bewusst machen, dass das eindeutig zu weit geht und ein absolutes No-go ist.

Systematisch gegen eine Person

Zielgruppe: 1. und 2. Klasse

Material: 1 DIN-A4-Blatt Papier, Stifte

Zeitaufwand: 5–10 Minuten

Spielverlauf:
Ein beliebiges Kind, das Sie aufrufen, darf an seinem Arbeitsplatz z. B. Schwungübungen auf einem Blatt Papier machen. Zwei bis drei weitere Kinder, die sich freiwillig melden, holen sich jeweils einen Stift und gehen auf Ihre Bitte hin auf das Kind zu, um auf dessen Blatt Papier zu kritzeln. Daraufhin tut das Kind so, als ob es verzweifelt, traurig und bestürzt zugleich wäre und vielleicht sogar noch weinen würde. Alle übrigen Kinder, die die Situation beobachten, sollen sich überlegen, weshalb es besonders bitter ist, wenn mehrere Kinder ganz gezielt ein Kind fertigmachen. Zudem sollen sie darüber nachdenken, ob sie so eine ähnliche Situation woanders auch schon einmal erlebt haben. Die Kinder melden sich per Handzeichen, falls sie sich dazu äußern wollen.
Im Anschluss daran sollten Sie den Kindern bewusst machen, dass man von Mobbing erst spricht, sobald derartige Verhaltensweisen wiederholt und über einen längeren Zeitraum vorkommen. Das wiederum soll jedoch nicht heißen, dass einmalige gezielten Attacken gegenüber einem Kind zu tolerieren sind.

Variante für 3. und 4. Klasse:
Das Spiel verläuft zunächst so wie im vorherigen Spiel beschrieben.
Sobald jedoch ein Kind an die Reihe kommt und erzählen darf, soll es zunächst inhaltlich kurz das wiedergeben, was das vorherige Kind gesagt hat. Dabei geht es um das aktive Zuhören. Auf dieser Weise soll u. a. das gegenseitige Vertrauen aufgebaut, Empathie und ein würdiger Umgang gefördert werden und letztendlich können so auch Missverständnisse vermieden werden.

Es gibt unterschiedliche Formen von Mobbing, die keinesfalls „nur“ verbal und körperlich erfolgen müssen. So gehören z. B. Sachen wegnehmen und zerstören sowie Diebstahl ebenfalls zu Mobbing.

Mobbing ist ein Gruppengeschehen

Zielgruppe: 1. und 2. Klasse

Material: evtl. 1 voller Papierkorb

Zeitaufwand: 3–5 Minuten

Spielverlauf:

Eine Kleingruppe, die Sie ganz nach Belieben zusammenstellen können, darf ein kleines Rollenspiel vorführen. Flüstern Sie den betreffenden Kindern ins Ohr, was sie gleich tun dürfen.

Zwei Kinder aus der Gruppe trommeln die anderen sogenannten Mitläufer*innen herbei, die mit ihnen gemeinsam einen Papierkorb, der im Klassenzimmer steht, holen und über dem Kopf des Kindes ausleeren dürfen. Das betroffene Kind tut so, als ob es völlig entsetzt wäre und zeigt, wie sehr es sich gekränkt und verletzt fühlt. Die übrigen Kinder, die das Ganze aus einer sicheren Distanz heraus beobachtet haben, sollen herausfinden, dass Mobbing ein Gruppengeschehen und keinesfalls zu tolerieren ist. Durch gezielte Fragen, wie z. B. „Haben ein oder mehrere Kinder mitgemacht?" oder „Wäre es möglich gewesen, dass ein Kind alleine diese fiese Aktion durchführt?", können Sie den übrigen Kindern bewusst auf die Sprünge helfen.

Variante für 3. und 4. Klasse:

Die Kinder bilden Kleingruppen und haben zwei Möglichkeiten: Sie können der Reihe nach entweder noch einmal das o. g. Rollenspiel nicht nur pantomimisch, sondern auch verbal durchführen oder sich kurzerhand eine neue Situation ausdenken, indem sie z. B. so tun, als ob sie hinter dem Rücken eines Kindes tuscheln und dabei das betroffene Kind wie Luft behandeln würden.

Kräfte messen, Quatsch und Blödsinn machen, all das ist in diesem Alter normal, so lange alle damit einverstanden sind. Wo hört jedoch der Spaß auf? Mithilfe des Rollenspiels lernen die Kinder, dass es alles andere als lustig ist, wenn ein Kind gegen seinen Willen zum Gespött der Klasse und letztendlich vor anderen erniedrigt und bloßgestellt wird.

Mobbing – wiederholt und über einen längeren Zeitraum

Zielgruppe: 1 und 2. Klasse

Material: 1 roter Ball, für jedes Kind 1 Arbeitsblatt, s. S. 23

Zeitaufwand: 10 Minuten

Spielverlauf:
Während die Kinder einen Kreis bilden, holen Sie sich einen roten Ball. Stellen Sie sich nun zwischen zwei Kindern hin und sagen Sie zu demjenigen Kind, das links neben Ihnen auf der Kreisbahn steht, eine negative Verhaltensweise, wie z. B. Beleidigen. Danach übergeben Sie den roten Ball dem betreffenden Kind, das nun etwas Neues hinzufügt, wie z. B. Schubsen. Auf diese Weise geht's immer weiter, bis Sie den Ball wieder in den Händen halten. Wie lange hat es wohl gedauert, bis der Ball wieder bei Ihnen angekommen ist? Erklären Sie den Kindern, dass Mobbing keine einmalige Angelegenheit ist und es somit im Ernstfall zu gezielten Attacken gegenüber einem Kind über einen längeren Zeitraum kommen wird.
Im Anschluss daran, können Sie für jedes Kind auf DIN A4 vergrößert das Arbeitsblatt kopieren, das eine Art Mobbing-Tagebuch darstellt. Bei jeder Woche dürfen die Kinder nun mindestens zwei Tage auswählen, hinter denen sie jeweils eine oder mehrere Verhaltensweisen schreiben, die auf Mobbing hinweisen können. Die aufgeschriebenen Antworten lesen die Kinder sich gegenseitig vor. Sie bieten eine weitere Möglichkeit, um miteinander ins Gespräch zu kommen und die große Bandbreite an Arten des Mobbings kennenzulernen.

Variante für 3. und 4. Klasse:
Im Gegensatz zu dem oben genannten Kreisspiel soll immer dasjenige Kind, das gerade den Ball hat, die Wörter, die zuvor genannt wurden, wiederholen, bevor es etwas Neues hinzufügt. Ansonsten verläuft alles so wie bereits beschrieben.

Mobbing – wiederholt und über einen längeren Zeitraum (Arbeitsblatt)

Mobbing ist keine einmalige Sache, sondern geschieht mehrmals in der Woche über Wochen oder gar Monate. Schreibe auf, wie das betroffene Kind von anderen während der Schulzeit gemobbt werden kann. Dabei kannst Du die Wochentage frei wählen. Denke jedoch daran, dass Mobbing nicht nur einmal in der Woche vorkommt. Die erste Schulwoche ist bereits ausgefüllt.

1. Schulwoche

Montag: Ein Kind wird von den anderen beleidigt und beschimpft.
Mittwoch: Ein Kind wird in der Klasse wie Luft behandelt.
Donnerstag: Ein Kind wird von anderen bedroht.

2. Schulwoche

3. Schulwoche

4. Schulwoche

Direkte Mobbing-Formen

Zielgruppe: 1. und 2. Klasse

Material: 8–12 kleine Baumscheiben, 1 Stift; evtl. für jedes Kind 2 kleine Baumscheiben

Zeitaufwand: 5–10 Minuten

Spielverlauf:
Während die Kinder einen Stuhlkreis bilden, holen Sie sich ein paar kleine Baumscheiben und einen roten Stift.
Miteinander überlegen die Kinder, wodurch jemand verbal und körperlich gemobbt werden kann. Rufen Sie nun die Kinder der Reihe nach auf, die sich per Handzeichen melden. Die Antworten, wie z. B. hänseln, lächerlich machen, beschimpfen, bedrohen, treten und schubsen, schreiben Sie auf jeweils eine Baumscheibe, die Sie dann kreisförmig auf dem Tisch anordnen. Auf diese Weise lässt sich der Teufelskreis der gezielten Attacken gegenüber einem Kind gut darstellen, den das Kind alleine kaum durchbrechen kann.

Variante für 3. und 4. Klasse:
Die Kinder holen sich jeweils zwei Baumscheiben und einen Stift.
In der ersten Gesprächsrunde dürfen sie der Reihe nach sagen, wie man jemanden gezielt attackieren und somit psychisch fertigmachen kann. Dabei schreiben sie ein dazu passendes Stichwort, wie z. B. beschimpfen, auslachen oder bedrohen auf jeweils eine Baumscheibe.
In der zweiten Gesprächsrunde folgen die körperlichen Attacken, von denen die Kinder nacheinander jeweils eine benennen sollen. Dementsprechend schreiben sie wieder jeweils ein Stichwort auf eine Baumscheibe, wie z. B. schubsen, treten und schlagen.
Die Kinder ordnen alle Baumscheiben kreisförmig an, sodass so wie im vorherigen Spiel ein „Teufelskreis“ entsteht. Auf diese Weise lernen sie verschiedene Arten des Mobbings bewusst kennen und voneinander unterscheiden.

Mithilfe des Praxisangebots sollen die Kinder verbales und körperliches Mobbing kennenlernen, bei dem diejenigen Kinder einem anderen Kind, das sie quälen, direkt ins Gesicht sehen.

Indirekte Mobbing-Formen

Klasse: 1. und 2. Klasse

Material: für jedes Kind bis auf eines jeweils 1 Schulbuch oder Ähnliches

Zeitaufwand: 5–10 Minuten

Spielverlauf:

Alle Kinder außer einem sitzen vor ihren Schulbüchern und lesen. Sobald jedoch das eine Kind in ihre Nähe kommt, sollen sie es bewusst ausgrenzen, indem sie sich z. B. über ihre Schulbücher beugen oder einfach aufstehen, um sich woanders hinzusetzen. Dabei dürfen sie das Kind wie Luft behandeln.
Im Anschluss daran darf sich das Kind vor die Klasse stellen und sagen, wie es ihm gerade ergangen ist. Dabei darf es auch mitteilen, auf welche Weise es von den anderen isoliert und ausgrenzt wurde. Erklären Sie den Kindern, dass das auch eine Art des Mobbings ist, obwohl das Kind weder verbal noch körperlich angegriffen wurde.

Variante für 3. und 4. Klasse:

Die Kinder bilden Kleingruppen, die der Reihe nach pantomimisch eine Art des indirekten Mobbings vorstellen dürfen. Die übrigen Kinder beobachten alles genau und besprechen dann, was sie genau beobachtet haben.

Beispiele:

1. Ein paar Kinder nehmen einem anderen Kind die Mütze weg, die sie sich gegenseitig zuwerfen.
2. Die Gruppe entwendet heimlich ein paar Schulhefte aus dem Schulranzen eines Kindes.
3. Die Gruppe wirft heimlich Müll auf den Tisch eines Kindes.

Einem Kind permanent Informationen vorzuenthalten und dieses aus der Klassengemeinschaft auszuschließen, sind typische Handlungsweisen, die auf indirektes Mobbing hinweisen. Wie das genau in der Praxis ablaufen kann, soll den Kindern anhand des Rollenspiels verdeutlicht werden.

Cybermobbing

Zielgruppe: 1. und 2. Klasse

Material: –

Zeitaufwand: 5–10 Minuten

Spielverlauf:
Erklären Sie den Kindern, dass sowohl bei Mobbing als auch bei Cybermobbing ein Kind von anderen absichtlich z. B. beleidigt, bedroht und bloßgestellt wird. Im letzten Fall werden jedoch elektronische Kommunikationsmittel eingesetzt. Allein schon durch ein Smartphone können beleidigende Nachrichten einem sehr großen Publikum zugänglich gemacht werden. Wie das genau aussehen kann, soll das folgende Kreisspiel, das so ähnlich wie das altbekannte Spiel „Stille Post" verläuft, verdeutlichen:
Zunächst tun Sie so, als ob Sie eine beleidigende Nachricht über ihr Smartphone versenden würden. Klopfen Sie dann auf die Schulter desjenigen Kindes, das links neben Ihnen auf der Kreisbahn steht. Auf diese Weise kommt die üble Nachricht auf dem Smartphone des Kindes an. Während Sie sich nun köstlich über die von Ihnen verbreitete Kurznachricht amüsieren, tut das Kind so, als ob es die üble Nachricht über sein Smartphone weiterleiten würde.
Das Kreisspiel wird so lange fortgesetzt, bis die üble Nachricht alle reihum erreicht hat.
Ziel ist es, den Kindern bewusst zu machen, wie rasant beleidigende Nachrichten versendet und von einem großen Publikum gesehen werden können, die wiederum dafür sorgen können, dass sich Beleidigungen, Gerüchte und dergleichen genauso rasant weiterverbreiten.

Variante für 3. und 4. Klasse:
Die Kinder sollen nicht nur so tun, als ob sie über ihr Smartphone beleidigende Nachrichten versenden würden, sondern auch sagen, wie ihre Nachrichten lauten. Dabei können die Kinder Sätze wie z. B. „Sie ist voll fett und strohdumm!" oder „Er ist saublöd und soll verschwinden!" von sich geben.

Den allermeisten Kindern ist überhaupt nicht bewusst, wie rasant schnell sich Nachrichten, Bilder und Videos im Netz verbreiten und einem unüberschaubar großen Publikum zugänglich gemacht werden können. Deshalb müssen bereits Kinder im Grundschulalter, die zum Teil schon ein eigenes Smartphone besitzen und/oder Zugang zu einem Tablet oder einen Computer haben, darüber informiert werden.

Mobbing – permanente Grenzüberschreitung

Zielgruppe: 1. und 2. Klasse

Material: Klebestreifen, Kreide, Seil o. Ä.

Zeitaufwand: 3–5 Minuten

Spielverlauf:
Zu Spielbeginn kleben Sie einen Streifen auf den Boden. Die Kinder stellen sich hinter der „Grenze" nacheinander auf.
Das vorderste Kind beginnt und macht einen großen Schritt über die Grenze. Dabei sagt es laut, was für ihn eine Grenzüberschreitung bedeutet. Dabei benennt es eine negative Verhaltensweise, wie z. B. beleidigen, bedrohen oder unter Druck setzen. Danach stellt es sich hinter das letzte Kind, sodass das vorderste Kind in der Reihe nun ebenfalls einen Schritt über die Grenze machen und dabei etwas benennen darf, was für es unakzeptabel ist.

Variante für 3. und 4. Klasse:
Im Gegensatz zu dem vorherigen Spiel darf dasjenige Kind, das gerade an der Reihe ist und die Grenze im wahrsten Sinne des Wortes überschreitet, die vorherigen genannten negativen Verhaltensweisen wiederholen, bevor es etwas Neues hinzufügt. Dabei dürfen die übrigen Kinder dem Kind behilflich sein, falls es etwas vergessen hat zu erwähnen.

Mithilfe des Praxisangebots sollen die Kinder darstellen, welche Verhaltensweisen im sozialen Miteinander einfach nicht in Ordnung sind und somit die Grenze des guten Geschmacks und letztendlich der Toleranz überschreiten.

Warum wird gemobbt?

Spielerisch Ursachen von Mobbing erforschen und verstehen lernen, dass das betroffene Kind daran keine Schuld trägt

Gemobbt werden eher Kinder aufgrund von bestimmten Fähigkeiten, Verhaltensweisen, Leistungen, Äußerlichkeiten, Markenartikeln oder familiären Bedingungen, die überaus attraktiv erscheinen. Dabei können Neid, Eifersucht und eine innere Unzufriedenheit eine Rolle spielen. Außerdem kann ein neu hinzugekommenes Kind eine ernsthafte Konkurrenz in der Klasse darstellen und ebenfalls Anlass genug sein, um das neue Kind zu mobben und zu schikanieren. Ein weiterer Grund kann Intoleranz gegenüber anderen Nationalitäten, Religionen, Kulturen und Sprachen sowie gegenüber Kindern sein, die z. B. zu viele Kilos auf die Waage bringen oder eine Behinderung haben. Somit kann jedes Kind gemobbt und schikaniert werden, das sich auf irgendeine Art von den anderen Kindern in der Klasse unterscheidet. Darüber hinaus können Langeweile, Über- oder Unterforderung sowie ein gestörtes Klassen- und Schulklima genügend Nährboden für Mobbing bieten. Nicht zuletzt können natürlich auch diejenigen Kinder, die mobben, früher selbst gemobbt und schikaniert worden sein.

In diesem zweiten Kapitel sollen die Kinder verschiedene Ursachen für das Mobbing in der Schule etwas genauer unter die Lupe nehmen und begreifen lernen, dass die Gründe hierfür nicht bei demjenigen Kind liegen, das gemobbt und schikaniert wird. Vielmehr sollen sie mithilfe der Praxisangebote erkennen lernen, dass die Ursachen für Mobbing in der Schule vielfältig sind und bei denjenigen Kindern zu suchen sind, die ein anderes Kind gezielt attackieren und fertigmachen. Sie sollen verstehen lernen, dass manche Kinder z. B. Macht und Kontrolle über andere haben, ihre Wut und ihren Ärger an anderen abreagieren oder einfach ihre Stärke vor anderen demonstrieren wollen. Darüber hinaus soll ihnen bewusst gemacht werden, dass die Art und Weise, wie man miteinander kommuniziert und Konflikte löst letztendlich darüber entscheidet, ob Mobbing im Schulalltag stattfinden kann oder nicht.

Es gibt unterschiedliche Gründe für Mobbing in der Schule, die auf den ersten Blick nicht immer so leicht zu durchschauen sind. Wo ist der Fadenanfang bzw. wie hat eigentlich das Ganze begonnen? Je weiter das Mobbing fortgeschritten ist, desto schwieriger wird es, darauf eine Antwort zu geben.

Neidisch und wütend

Klasse: 1 und 2

Material: –

Zeitaufwand: 5–10 Minuten

Spielverlauf:

Immer zwei Kinder sollen sich gegenseitig betrachten und überlegen, was ihnen an ihrem Gegenüber besonders gut gefällt. Das kann z. B. das coole Outfit, eine angesagte Frisur oder einfach die Augenfarbe sein.

Unabhängig davon, dürfen die einzelnen Paare der Reihe nach vor die Klasse treten. Dabei darf immer eines von beiden so tun, als ob es neidisch und wütend zugleich auf sein Gegenüber wäre, indem es z. B. einen wütenden Gesichtsausdruck macht und dabei dessen Shirt anfasst. Die übrigen Kinder sollen nun erraten, weshalb das Kind sich gerade so verhält.

Im Anschluss dran erklärt die Spielleitung den Kindern, dass Markenartikel und ein attraktives Äußeres der Stein des Anstoßes sein können, um ein Kind zu mobben und zu schikanieren. Dabei geht es hauptsächlich um Dinge, die man gerne selbst haben möchte und somit viel Neid und eine große Wut im Bauch erzeugen können.

Variante für 3. und 4. Klasse:

Die Kinder bilden Kleingruppen und überlegen sich jeweils ein kleines Rollenspiel zum Thema Neid und Wut, das sie so ähnlich wie im vorherigen Spiel beschrieben der Reihe nach durchführen.

Ziel ist es, dass die Kinder sich verschiedene Dinge überlegen, die Wut und Neid auslösen und Mobbing begünstigen können.

Besonders angesagte Kleidungsstücke, die ein Kind gerade trägt, können bei anderen, die sich das vielleicht finanziell nicht leisten können, negative Gefühle wie Neid, Wut und Aggression auslösen und dies kann mithilfe eines dazu passenden Rollenspiels den Kindern verdeutlicht werden. Auf diese Weise lernen die Kinder besser zu verstehen, worin die Ursachen für Mobbing begründet sein können.

Immer so toll und cool

Zielgruppe: 1. und 2. Klasse

Material: –

Zeitaufwand: 3–5 Minuten

Spielverlauf:

Du möchtest immer toll und cool sein.
– *Auf ein beliebiges Kind deuten.*
Wir finden dich blöd und ganz gemein.
– *Alle zehn Finger in der Luft zappeln lassen.*
Deine Leistungen sind immer so gut.
Das erzeugt bei uns einfach nur Wut.
– *Eine Faust ballen.*
Weshalb musst du hier bei uns sein?
– *Auf ein beliebiges Kind deuten.*
Stopp! Sind wir wirklich so gemein?
– *Arme weit nach vorne ausstrecken und Handflächen zeigen.*
Mobben? Das kann's wohl nicht sein!

Variante für 3. und 4. Klasse:

Die Kinder bilden Kleingruppen und führen der Reihe nach das Fingerspiel als Rollenspiel durch. Dabei darf immer ein Kind aus jeder Gruppe dasjenige Kind spielen, das von den anderen, die auf seine guten Schulleistungen eifersüchtig sind, fertiggemacht wird.

Was Lehrer*innen und Eltern freut, finden manche Kinder in der Klasse nicht immer so cool. Kinder mit Spitzennoten können dabei als Angeber, Streber und Klugscheißer betitelt und so schnell zu Außenseiter*innen in der Klasse werden. Spielerisch sollen die Kinder erkennen, dass hierbei vor allem auch Neid, Eifersucht und Wut der Motor für gezielte Attacken gegenüber einem leistungsstarken Kind sein können.

Hilfe! Ein neues Kind ist da

Zielgruppe: 1. und 2. Klasse

Material: 1 Ocean-Drum

Zeitaufwand: 5–10 Minuten

Stellen Sie den Kindern eine Ocean-Drum bereit, die Sie auf den Boden legen. Die Kinder setzen sich um die Ocean-Drum herum. Sobald alle Kinder zusammen im Kreis auf den Boden sitzen, laden Sie die Kinder zu der folgenden Klanggeschichte ein:

Ein neues Kind ist heute da.
Wir rufen bestimmt nicht „Hurra!"
Wir können es einfach nicht leiden,
und unser Ablehnung nicht vermeiden.
– *Mit dem Po etwas nach hinten rutschen und den Kreis vergrößern.*
Es kommt einfach ganz woanders her.
Das gefällt uns überhaupt nicht sehr.
– *Vom Platz aus mit den Füßen auf den Boden stampfen*
Seht her, wie jämmerlich es weinen kann.
Es hört sich wirklich sehr dämlich an.
– *Lassen Sie die Ocean-Drum erklingen und legen Sie diese wieder auf den Platz zurück.*
Wir können das Kind nicht leiden.
Deshalb wollen wir es einfach meiden.
– *Alle rücken etwas wieder nach vorne und schlagen gleichzeitig auf die Ocean-Drum*
Doch dann greife ich beherzt einfach ein.
Unter Kindern, die mobben, möchte ich nicht sein.
– *Alle stehen auf und rufen laut „Stopp! Das geht zu weit!"*

Weshalb wurde das neue Kind in der Klasse so massiv abgelehnt, obwohl es überhaupt nichts gemacht hat? Die Kinder sollen nun darauf Antworten geben, die z. B. Angst vor Konkurrenz, Intoleranz gegenüber einer anderen Nationalität, Sprache oder Kultur oder einfach geringes Selbstwertgefühl lauten können.

Variante für 3. und 4. Klasse:
Die Kinder führen die Klanggeschichte zusätzlich mit verteilten Rollen durch. Dabei kann sich die Gruppe direkt gegenüber einem Kind aufstellen. Im Anschluss daran klären sie dann genauso die o. g. Frage.

Mithilfe der Klanggeschichte sollen die Kinder verstehen lernen, dass das neue Kind in der Klasse nicht das Problem darstellt. Vielmehr haben diejenigen Kinder, die das Kind von Anfang an ausgrenzen, aufgrund ihrer massiven Ängste und Befürchtungen ein dickes Problem mit sich selbst.

Abwerten und kleinmachen

Zielgruppe: 1. und 2. Klasse

Material: 1 Handtrommel

Zeitaufwand: 5–10 Minuten

Spielverlauf:

Alle Kinder stehen zusammen im Kreis. Holen Sie sich eine Trommel und lesen Sie den Kindern den folgenden Text vor, bei dem alle die dazu passenden Bewegungen macht:

Viele gegen einen? Finde ich nicht gut!
Dazu bedarf es bestimmt keinen Mut!
– *Bei jeder Silbe erst ganz laut und dann leiser trommeln.*
Wer so handelt ist nicht groß, sondern klein.
Bestimmt haben sie wenig Selbstbewusstsein.
– *Sich auf die Zehenspitzen stellen und dann in die Hocke gehen.*
– *Wieder aufstehen und den Kopf schütteln.*
Wer weiß, was er kann, muss das nicht machen.
Wer weiß, was er kann respektiert andere Sachen.
– *Bei jeder Silbe erst ganz laut und dann immer leiser trommeln.*
Wer weiß, was er kann, macht niemanden klein.
Denn so zeigt man sehr viel Selbstbewusstsein.
– *Erst in die Hocke gehen und dann selbstbewusst aufstehen und den Daumen hochheben.*

Am Ende können Sie die Kinder fragen, wodurch Macht ausüben und dabei andere klein machen, begründet sein kann. Vielleicht gönnt man dem anderen seinen Erfolg nicht oder befürchtet, dass man durch eine bestimmte Person die Gunst der anderen verliert.

Variante für 3. und 4. Klasse:

Im Gegensatz zu dem vorherigen Spiel, dürfen die Kinder nach dem Satz „Wer weiß, was er kann, respektiert andere Sachen" der Reihe nach im Uhrzeigersinn sagen, was damit gemeint sein kann. Das können Schulhefte, Bücher und Kleidungsstücke sein. Auf die gleiche Weise machen sie das auch, sobald Sie den Satz „Wer weiß, was er kann, macht niemanden klein!" beendet haben. Mögliche Ant-

worten der Kinder können dann sein: Ein Kind auslachen oder einem Kind nichts zutrauen. Ansonsten verläuft alles so wie im vorherigen Spiel beschrieben.

Wer ein gutes Selbstbewusstsein hat und seine Fähigkeiten kennt, hat es nicht nötig, andere zu schikanieren und fertigzumachen. Genau das sollte den Kindern auf vielfältige Weise bewusst gemacht werden, sodass es ihnen im Gedächtnis haften bleibt.

Auf Motivsuche

Zielgruppe: 1. und 2. Klasse

Material: 1 roter Ball

Zeitaufwand: 3–5 Minuten

Spielverlauf:

Alle Kinder sitzen im Schneidersitz auf dem Boden beisammen.

Die Spielleitung holt sich einen roten Ball und erklärt den Kindern, dass manche Kinder besonders viel Frust haben, weil sie z. B. unzufrieden mit der eigenen Lebenssituation sind. Das kann ein Motiv sein, um ein schwächeres Kind ins Visier zu nehmen und zu mobben. Das betreffende Kind wird als Ventil benutzt und muss für alles herhalten, was die anderen gerade stört, nervt und unzufrieden macht.

Welche Motive kann es noch geben, um ein Kind fertigzumachen? Die Aufgabe besteht nun darin, sich den Ball gegenseitig zuzurollen. Dabei darf immer dasjenige Kind, das gerade den roten Ball hat, dazu Stellung nehmen. Mögliche Antworten können sein: Wut, Rache, Langeweile, ...

Variante für 3. und 4. Klasse:

Dasjenige Kind, das gerade den Ball hat, wiederholt das zuvor Gesagte, bevor es etwas Neues hinzufügt. Ansonsten wird das Spiel genauso wie bereits im vorherigen Spiel beschrieben durchgeführt.

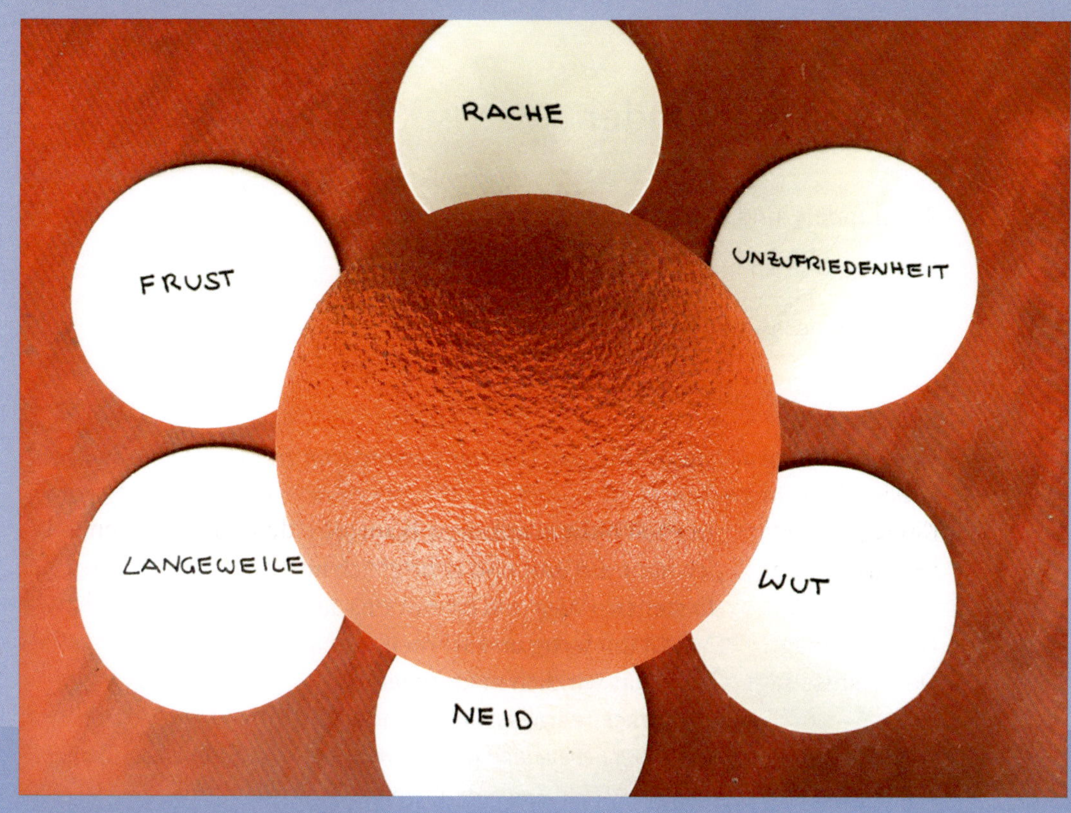

Es gibt viele Motive für Mobbing in der Schule, die die Kinder gemeinsam mithilfe eines einfachen Ballspiels zusammentragen und sich ins Gedächtnis rufen können. Auf diese Weise soll ihnen bewusst gemacht werden, dass die Ursachen für Mobbing sehr vielfältig und nicht immer so leicht zu entschlüsseln sind.

Schwächere Kinder

Zielgruppe: 1. und 2. Klasse

Material: –

Zeitaufwand: 3–5 Minuten

Spielverlauf:

Eine Faust bilden und ausgehend vom Daumen passend zum Text nacheinander die einzelnen Finger ausstrecken.

Der Erste sagt: „Der soll nicht in unserem Team sein"
Der Zweite sagt: „Ich habe ein Wut und gehe gleich heim!"
Der Dritte sagt: „Er steht im Weg und bremst uns aus."
Der Vierte sagt: „Macht ihn fertig und schmeißt ihn raus!"
Der Kleinste sagt: „Muss das wirklich so krass sein?
Ein starkes Team lässt niemanden allein!"

Am Schluss alle fünf Finger eng nebeneinander halten und dabei sozusagen ein Team bilden, das fest zusammenhält.

Variante für 3. und 4. Klasse:

Fünf bis sechs Kinder, die sich freiwillig melden und von Ihnen aufgerufen werden, dürfen ein Rollenspiel durchführen, bei dem sie eines von ihnen ausgrenzen. Dabei können Sie den Kindern auch ins Ohr flüstern, was sie tun können. So können alle Kinder bis auf eines z. B. vor der Tafel eng beisammen stehen und dem übrigen Kind den Rücken zudrehen, sodass es keine Chance hat, in der Gruppe mitzumachen.

Das Fingerspiel „Raus aus dem Team?“, das sich auch als Rollenspiel eignet, soll den Kindern verdeutlichen, dass ein starkes Team durchaus auch Schwächen verkraften und ausgleichen kann und somit kein Kind, weil es etwas nicht so gut wie die anderen kann, isoliert und ausgegrenzt werden darf.

Wut und Rache

Zielgruppe: 1. und 2. Klasse

Material: –

Zeitaufwand: 5–10 Minuten

Spielverlauf:

Für das Rollenspiel brauchen Sie zwei bis drei Kinder, die sich per Handzeichen melden und vor die Klasse treten wollen. Flüstern Sie den Kindern ins Ohr, was sie tun sollen. Danach tun Sie so, als ob Sie auf ein Kind wütend wären, das Ihnen Ihrer Meinung nach die Show stiehlt. Es hat scheinbar immer so viel Glück und wird ständig für alles was es macht, von den Lehrer*innen gelobt. Die Kinder tauschen sich untereinander aus, werden immer wütender und aggressiver. Zudem erzählen sie sich gegenseitig, dass sie mit dem Kind ab sofort nicht mehr befreundet sein und es somit auch wie Luft behandeln wollen.

Die übrigen Kinder beobachten den Gesprächsverlauf und diskutieren im Anschluss darüber, welche Motive ihrer Meinung nach hinter den massiven und aggressiven Verhaltensweisen stecken können. Ganz offensichtlich scheint in diesem Fall die Wut im Bauch eine große Rolle zu spielen.

Variante für 3. und 4. Klasse:

Im Gegensatz zu dem o. g. Spiel dürfen sich ein paar Kinder vor die Klasse stellen und zeigen, wie sie wegen einem Kind, das etwas Abseits von ihnen steht, zunehmend wütender und aggressiver werden. Dabei können sie z. B. ihre Hände zu Fäusten ballen, ihre Augen zusammenkneifen, ihre Lippen zusammenpressen und mit den Füßen auf den Boden stampfen. Am Ende holen sie sich einen Papierkorb und nehmen ganz offensichtlich Rache an dem Kind, indem sie es körperlich angreifen und dabei das Papier aus dem Eimer einfach in den Hemdkragen oder Hosenbund stecken.

Mithilfe des Rollenspiels sollen die Kinder erkennen, dass Wut und Rache starke Gefühle sind, die dennoch keinesfalls dazu führen dürfen, dass ein Kind gemobbt und fertiggemacht wird.

Du willst wohl der Beste sein!

Zielgruppe: 1. und 2. Klasse

Material: 4–6 Püppchen o. Ä.

Zeitaufwand: 5–10 Minuten

Spielverlauf:

Vier bis sechs Kinder holen sich jeweils ein Püppchen, mit denen sie eine Gruppe bilden. Ein Kind jedoch nimmt sich ebenfalls ein Püppchen und hält es so, dass es sich gegenüber der Gruppe befindet. Danach sagen die Kinder Folgendes:

Die Gruppe sagt: „Du Schwein. Du willst wohl der Beste sein!“
Ein Kind sagt: „Hallo! Ich bin doch kein Schwein!“
Die Gruppe sagt: „Wir möchten dich hier nicht haben.“
Ein Kind sagt: „Weshalb wollt ihr mir so etwas sagen?“

Danach fragen Sie die Kinder, was das Püppchen bzw. Kind vielleicht besser als die anderen kann. Die Kinder dürfen nacheinander jeweils eine Antwort geben, wie z. B. turnen, lesen oder schreiben. Danach können Sie noch fragen, welche Motive bei den anderen vorliegen können, um so massiv und aggressiv gegenüber dem Kind zu reagieren. Die Kinder äußern wieder der Reihe nach im Uhrzeigersinn ihre Vermutungen, wie z. B. Eifersucht, Neid, Missgunst oder Wut.

Variante für 3. und 4. Klasse:

Eine Kleingruppe, die von Ihnen ganz nach Belieben zusammengestellt werden kann, führt das Puppenspiel als Rollenspiel vor der Klasse durch. Danach überlegen die Kinder, welche Motive für ein derartiges Verhalten ausschlaggebend sein können. Mögliche Antworten können z. B. Neid, Unzufriedenheit und Frust sein.

Indem die Kindern mit den Puppen das Rollenspiel „Du willst wohl der Beste sein“ aufführen, wird ihnen eindrucksvoll vor Augen geführt, wie Neid entstehen und zu Mobbing führen kann, falls man das nicht rechtzeitig erkennt und stoppt.

Mobbing-Motive

Zielgruppe: 1. und 2. Klasse

Material: 1 Triangel, für jedes Kind 1 Stift und 1 Arbeitsblatt, s. S. 51

Zeitaufwand: 5–10 Minuten

Spielverlauf:

Die Kinder bilden Kleingruppen, die an jeweils einem Tisch sitzen.

Miteinander sollen die Kinder ein paar Motive benennen, die diejenigen Kinder haben können, die ein anderes Kind gezielt schikanieren und fertigmachen. Mögliche Antworten können z. B. sein: Rache, Konkurrenz, Eifersucht und Antipathie. Danach erhält jedes Kind eine von Ihnen auf DIN A4 vergrößerte Kopie des Arbeitsblatts, auf dem sie jeweils eine Ursache für Mobbing in der Schule aufschreiben. Sobald Sie jedoch die Triangel erklingen lassen, schieben alle ihre Arbeitsblätter einen Platz weiter im Uhrzeigersinn herum. Hat jedes Kind ein neues Arbeitsblatt vor sich liegen, schreibt es eine weitere Ursache auf, die nach Möglichkeit noch nicht auf dem Arbeitsblatt steht.

Das geht so immer weiter, bis alle wieder vor ihren ursprünglichen Arbeitsblättern sitzen und eine Liste mit mögliche Gründen vor sich liegen haben, die nun jeweils ein Kind aus jeder Gruppe vorlesen darf.

Variante für 3. und 4. Klasse:

Zu Beginn verläuft alles so wie im obigen Spiel geschildert.

Sobald jedoch alle Kinder eine Kopie des Arbeitsblatts erhalten haben, sollen sie möglichst viele Mobbing-Motive aufschreiben. Nach ein bis zwei Minuten lässt die Spielleitung die Triangel erklingen. Zur Kontrolle lesen die Kinder das, was sie aufgeschrieben haben vor. Für jede richtige Antwort gibt es einen Punkt. Dasjenige Kind, das am Ende die Nase vorne hat, gewinnt das Frage-Antwort-Spiel

Mobbing-Motive (Arbeitsblatt)

Wird ein Kind von anderen gemobbt, ist das Kind nicht Schuld daran.
Welche Motive können jedoch diejenigen Kinder haben, die es offenbar genießen, ein anderes Kind zu quälen und dazu neigen, ihm willentlich Schaden zuzufügen? Schreibe stichwortartig auf, welche Motive hinter Mobbing in der Schule stecken können. Drei Beispiele, deren Reihenfolge willkürlich gewählt wurde, stehen bereits auf dem Blatt Papier.

1. Neid
2. Rache
3. Langeweile
4. ....
5. ....
6. ....
7. ....
8. ....
9. ....
10. ....
11. ....
12. ....
13. ....
14. ....
15. ....

Schlechtes Klassenklima

Zielgruppe: 1. und 2. Klasse

Material: –

Zeitaufwand: 3–5 Minuten

Spielverlauf:

Ein paar Kinder, die sich freiwillig melden und von Ihnen ausgewählt werden, sollen so tun, als ob sie hinter dem Rücken der anderen im Klassenzimmer tuscheln und Gerüchte verbreiten würden. Dabei sollen die übrigen Kinder in der Klasse alles genau beobachten und überlegen, wie es ihnen in Anbetracht der aktuellen Situation gerade geht.

Nach zwei bis drei Minuten starten Sie dann eine Diskussionsrunde. Dabei geht es hauptsächlich um die Frage, woran man ein schlechtes Klassenklima erkennt. Die Kinder sollen herausfinden, dass Lästern, Gerüchte verbreiten und hinter dem Rücken tuscheln nicht gerade förderlich sind, um miteinander auszukommen. Machen Sie den Kindern bewusst, dass ein schlechtes Klassen- und Schulklima Mobbing begünstigen kann. Es ist also überaus wichtig, dass man miteinander und nicht übereinander redet.

Variante für 3. und 4. Klasse:

Wie erkennt man ein schlechtes Klassenklima? Diejenigen Kinder, die sich zu Wort melden, dürfen der Reihe nach vor die Tafel treten und jeweils ein Stichwort, wie z. B. Gerüchte verbreiten, übereinander lästern, sich gegenseitig Schimpfwörter sagen oder einfach anbrüllen, auf die Tafel schreiben.

Bei dieser Praxisidee können die Kinder bestimmt erahnen, wie es einem Kind ergeht, wenn seine Mitschüler*innen hinter seinem Rücken tuscheln und dabei Gerüchte verbreitet werden. Darüber hinaus sollen sie spielerisch erfahren, dass derartige Verhaltensweisen ein Indiz für ein schlechtes Klassenklima sind.

Weißt du, wie sich das anfühlt?

Mithilfe von Spielen, Geschichten & Co. Empathie entwickeln und die Tragweite von Mobbing erkennen lernen

Systematische und gezielte Übergriffe, die wiederholt über einen längeren Zeitraum vorkommen, sind für das davon betroffene Kind kaum auszuhalten. Grundschulkinder sind allein schon durch ihr Alter und ihren Entwicklungsstand mit einer solchen Situation einfach restlos überfordert, sodass sie im Ernstfall dringend Hilfe von außen brauchen, um aus der Konfliktspirale wieder herauszukommen. Anderenfalls kann nicht nur die Lebensqualität eingeschränkt, sondern vor allem auch massiv die seelische und körperliche Gesundheit beeinträchtigt werden. Dabei sind Schlafstörungen, Bauchschmerzen, Selbstzweifel und Schulangst nur ein paar Beispiele dafür, die auf Mobbing in der Schule hinweisen können. Zu alledem fühlen sich das betroffene Kind mehr als machtlos, hilflos und alleingelassen. Zweifellos hat es große Angst vor dem nächsten Übergriff, der in der Regel nicht lange auf sich warten lässt.
In diesem Kapitel sollen sich die Kinder auf verspielte Weise mit den Auswirkungen des direkten und indirekten Mobbings auseinandersetzen und dabei vor allem auch Empathie für ein davon betroffenes Kind entwickeln. Mithilfe von Rollenspielen, Geschichten und dergleichen sollen die Kinder erfahren, wie sich dabei ein davon betroffenes Kind fühlen und dadurch sein Schul- und Alltagsleben sowie seine Gesundheit beeinträchtigt werden kann. Miteinander sollen sie so die Tragweite von Mobbing erkennen lernen, sodass sie besser verstehen, weshalb Mobbing so brandgefährlich und letztendlich auch für eine gute Klassen- und Schulgemeinschaft keinesfalls förderlich sein kann.

Psychische Verletzungen und/oder körperliche Übergriffe schlagen auf Dauer auf die Gesundheit. Der Gang zur Schule ist häufig mit großen Ängsten und inneren Kämpfen verbunden, die das betroffene Kind jeden Tag aufs Neue auf eine harte Probe stellen und mehr als fertigmachen können.

Welche Farbe hat Mobbing?

Zielgruppe: 1. und 2. Klasse

Material: ein paar Chiffontücher in unterschiedlichen Farben; evtl. für jedes Kind 1 weißes DIN-A3-Malpapier, Wachsmalstifte

Zeitaufwand: 10–15 Minuten

Spielverlauf:
Die Kinder sitzen im Schneidersitz auf den Boden zusammen im Kreis, in dessen Mitte Sie verschiedenfarbige Chiffontücher legen. Danach sagen Sie Folgendes:

„Stell Dir vor, Du bist neu in einer Stadt und hast noch keine Freunde. Wie fühlt es sich an, wenn alle andere Kinder aus Deinem Viertel zusammen spielen und Du, obwohl du sehr freundlich bist, von den anderen ständig ausgrenzt wirst. Welche Farbe kommt Dir dabei in den Sinn?

Nach einer kurzen Gedankenpause laden Sie die Kinder zu einer Gesprächsrunde ein. Diejenigen Kinder, die sich gerne dazu äußern möchten, melden sich per Handzeichen. Wählen Sie der Reihe nach ein Kind aus, das sich ein Chiffontuch auswählen darf, dessen Farbe seiner Meinung zu dem Gefühl, ausgegrenzt zu werden, besonders gut passt. Dabei darf es das durchsichtige Tuch über den Kopf stülpen und so zeigen, welche Farbe ihm dabei sofort in den Sinn gekommen ist. In diesem Zusammenhang darf es auch sagen, weshalb es sich gerade für diese Farbe entschieden hat. Vielleicht ist es die Farbe Schwarz, die düster und hemmend zugleich wirkt oder einfach die Farbe Rot, die als Signalfarbe gilt und somit Gefahr und Aggressivität symbolisieren kann. Vielleicht ist aber auch die Farbe Grün, die für Hoffnung und bessere Zeiten steht.

Variante für 3. und 4. Klasse
Die Kinder überlegen sich der Reihe nach eine Situation, bei der ein Kind von den anderen ausgegrenzt wird. Das kann z. B. auf dem Pausenhof, auf dem Spielplatz oder einfach in Bezug auf ein Tischspiel sein. Dabei wählt jedes Kind, das eine Situation schildert, so wie im vorherigen Spiel beschrieben, auch ein farblich dazu passendes Chiffontuch aus, welches das Gefühl des betroffenen Kindes seiner Meinung nach am besten widerspiegelt.

Mobbing ist für das betroffene Kind alles anderes als farbenfroh. Deshalb ist es nicht verwunderlich, wenn die Kinder bei dem Thema „Mobbing“ eher zu dunklen Farben tendieren, die Schwere vermitteln, bedrückend, düster und einengend sein können.

Ich fühle mich so alleine

Zielgruppe: 1. und 2. Klasse

Material: –

Zeitaufwand: 3–5 Minuten

Spielverlauf

Nichts ist mehr schön für mich.
– *Auf sich selbst deuten.*
Freunde gibt es nur für dich.
– *Auf ein anderes Kind deuten.*
Ständig muss ich Angst haben.
Das schlägt mir auf den Magen.
– *Mit der Hand kreisförmig den Bauch reiben.*
So kann ich nicht weitermachen.
– *Auf sich selbst deuten.*
Es gibt für mich nichts zum Lachen.
– *Mit den Zeigefingern die Mundwinkel nach oben ziehen.*

Zum Schluss sollten Sie mit den Kindern klären, weshalb das Kind nicht mehr lachen kann.

Variante für 3. und 4. Klasse:

Die Kinder führen zunächst so wie oben beschreiben das Fingerspiel durch. Danach erzählen die Kinder der Reihe nach, wie ein Kind, das von anderen gemobbt und schikaniert wird, sich noch fühlen kann. Mögliche Antworte können sein: „Einsam, traurig, niedergeschlagen, nutzlos und schwach!“

Ein Kind, das von anderen schikaniert und gemobbt wird, hat alles andere als eine einfache Position in der Klasse. Wie sehr sich das Kind alleingelassen, isoliert und ausgegrenzt fühlen kann, sollen die Kinder hier nun spielerisch ein Stück weit erahnen.

Schwarzsehen

Zielgruppe: 1. und 2. Klasse

Material: 1 DIN-A4-Fotokarton in Schwarz

Zeitaufwand: 5–10 Minuten

Spielverlauf:

Die Kinder sitzen im Stuhlkreis beisammen.

Eines von ihnen holt sich einen schwarzen Fotokarton. Erklären Sie den Kindern, dass gezielte Attacken gegenüber einem Kind dazu führen können, dass das davon betroffene Kind alles nur noch schwarz sehen kann, sodass es einfach keine Lebensfreude mehr hat. Wie kann jedoch eine solche Situation konkret aussehen? Das Kind darf nun eine Form von Mobbing benennen und dabei hinzufügen, wie man sich dabei fühlen kann. Danach ruft es ein anderes Kind namentlich auf, das sich per Handzeichen meldet. Es übergibt ihm den Fotokarton und somit das Wort, um das Spiel mit einem neuen dazu passenden Satz fortzusetzen.

Variante für 3. und 4. Klasse:

Eines der Kinder im Stuhlkreis beginnt. Es hält den schwarzen Fotokarton direkt vor sein Gesicht und sagt:

„Ich sehe alles nur noch schwarz, weil ich ständig gehänselt werde!"

Es übergibt den schwarzen Fotokarton dann demjenigen Kind, das links neben ihm im Kreis sitzt. Es hält den Fotokarton ebenfalls direkt vor sein Gesicht und sagt dann z. B.:

„Ich sehe alles nur schwarz, weil ich ständig gehänselt und getreten werde."

Auf diese Weise wandert der Fotokarton von Hand zu Hand im Kreis herum. Dabei darf immer dasjenige Kind, das gerade an der Reihe ist, das vorherige Gesagte wiederholen, bevor es etwas Neues hinzufügt. Die übrigen Kinder hören genau zu und greifen, falls erforderlich, hilfreich ein.

Wird ein Kind von anderen gemobbt, dann kann es an eine Veränderung zum Besseren hin in der Regel kaum noch glauben. Mithilfe der Praxisidee wird den Kindern im wahrsten Sinne des Wortes die negative Erwartungshaltung eines betroffenen Kindes vor Augen geführt und somit verdeutlicht, wie schlecht es dem Kind dabei gehen muss.

Ablehnung tut weh

Zielgruppe: 1. und 2. Klasse

Material: –

Zeitaufwand: 5–10 Minuten

Spielverlauf:

Bei dem Rollenspiel brauchen Sie einige Kinder, die sich freiwillig melden. Eines der Kinder spielt dasjenige Kind, das von den anderen ausgegrenzt wird. Die Gruppe zeigt ihre Ablehnung, indem sie ihre Arme in Richtung des Kindes ausstreckt und dabei das Kind auf Distanz hält. Das Kind wiederum soll durch seine Mimik, Gestik und Körpersprache verdeutlichen, wie sehr es unter diesen Umständen leidet.

Im Anschluss daran setzen sich die kleinen Schauspieler*innen wieder auf ihre Plätze. Miteinander diskutieren alle, was sie beobachtet haben. Dabei können u. a. die folgenden Fragen geklärt werden:

„Wodurch hat die Gruppe ihre Ablehnung gezeigt?“
„Wie hat sich das davon betroffene Kind verhalten?“
„Welche Gefühle hat das Kind wohl dabei gehabt?“
„Wer wurde auch schon mal von anderen abgelehnt und möchte darüber sprechen? Und wie hat sich das dann angefühlt?“

Variante für Klasse 3 und 4:

Im Gegensatz zu dem oberen Spiel machen alle Kinder aus der Klasse mit.

Dabei soll der Anführer einer Gruppe die übrigen Kinder anstiften und zum Mitmachen mobilisieren. Drei Kinder sollen dabei von der Klasse ausgegrenzt werden.

Im Anschluss daran dürfen die drei Kinder den übrigen Kindern mitteilen, wie es ihnen dabei ergangen ist, obwohl sie sogar in diesem Fall zu dritt gewesen sind und somit nicht ganz alleine alles durchstehen mussten.

Ablehnung gehört zum Leben dazu und ist nicht gerade angenehm. Erfolgt jedoch die Ablehnung permanent über einen längeren Zeitraum hinweg, ist das für das betroffene Kind sehr kränkend und schmerzhaft zugleich, sodass dabei natürlich auch sein Selbstwert angegriffen wird. Ziel ist es, dass die Kinder verstehen lernen, dass es ein normales menschliches Bedürfnis ist, in einer Gemeinschaft integriert zu sein und deshalb derartige Verhaltensweisen gegenüber einem Kind nicht zu tolerieren sind.

Schulangst durch Mobbing

Zielgruppe: 1. und 2. Klasse

Material: –

Zeitaufwand: 3–5 Minuten

Was ist eigentlich Schulangst? Bevor Sie die Frage mit den Kindern klären, laden sie diese im Kreis einfach zu der folgenden Klanggeschichte ein, bei der die Kinder ihren eigenen Körper als Instrument benutzen dürfen:

Weißt du eigentlich, wie das ist?
Es ist einfach ein großer Mist.
– *Auf den Boden stampfen.*
Du möchtest in die Schule gehen
und deine Schulkameraden sehen.
– *Auf der Stelle gehen.*
Doch es gibt ein paar Kinder dort,
die mobben dich in einem fort.
– *Mit der Faust gegen die flache Hand schlagen.*
Sie zerstören deine Schulfreude.
Es sind einfach gemeine Leute.
– *Auf den Boden stampfen.*
Wie kann man nur so blöd sein.
Du fühlst dich mehr als allein.
– *Schluchzen*
Du möchtest am liebsten gehen.
Stopp! Wir wollen das nicht sehen.
– *Auf der Stelle gehen und bei „Stopp!" einmal klatschen.*
Schulangst muss wirklich nicht sein.
Es gibt Hilfe! Wir lassen dich nicht allein!
– *Daumen hochheben*

Variante für 3. und 4. Klasse

Auf der Tafel schreiben Sie den Text für alle Kinder auf. Danach bilden die Kinder zwei bis vier Kleingruppen. Jede Kleingruppe überlegt, wie sich die Klanggeschichte musikalisch am besten umsetzen lässt. Welche Körpergeräusche passen

zu den einzelnen Zeilen? Und wie laut sollen sie zu hören sein? Die Kleingruppen probieren es einfach aus, bevor sie den anderen die Klanggeschichte vorstellen, die Sie dann vorlesen können.

Wer ständig einen Übergriff in der Schule befürchten muss, möchte am liebsten sofort wieder nach Hause gehen. Mithilfe der Klanggeschichte sollen die Kinder erahnen, welchen immensen Druck das betroffene Kind dabei hat, der im Extremfall einen Schulwechsel nach sich ziehen kann. Dabei sollen sie verstehen lernen, dass es allein schon im Hinblick auf ein gutes soziales Klassenklima unter keinen Umständen so weit kommen darf.

Bauchschmerzen durch Mobbing

Zielgruppe: 1. und 2. Klasse

Material: jede Menge kleine Steine, ein paar dunkle Tücher

Zeitaufwand: 3–5 Minuten

Die Kinder setzen sich im Schneidersitz zusammen in den Kreis, in dessen Mitte Sie jede Menge kleine Steine auf dunkle Tüchern legen. Die Kinder suchen sie jeweils einen Stein aus.
Danach fragen Sie die Kinder, wie sich der Stein in der Hand anfühlt. Ist der Stein schwer oder leicht, warm oder kalt, hart oder weich? Machen Sie den Kindern bewusst, dass Mobbing so schwer wie ein Stein im Magen liegen kann und sich die Situation, in der sich das davon betroffene Kind befindet, alles andere als leicht anfühlt. Die Kinder dürfen nun der Reihe nach im Uhrzeigersinn erzählen, wodurch so ein starker Druck im Magen entstehen kann. Das können u. a. Drohungen, Hänselei, fiese Bemerkungen oder Faustschläge sein.

Variante für 3. und 4. Klasse:
Sobald alle Kinder ihre Steine ausgiebig in Augenschein nehmen konnten und wissen, dass Mobbing so schwer wie ein Stein im Bauch liegen kann, dürfen die Kinder sich melden und erzählen, wodurch man sonst noch Bauchschmerzen bekommen kann. Das können bestimmte Klassenarbeiten, ein bevorstehender Zahnarztbesuch oder gar eine plötzlich auftretende Magen-Darm-Infektion sein. Die Kinder sollen beschreiben, wie sie sich dabei gefühlt haben.
Ziel ist es, dass die Kinder möglichst genau beschreiben, wie krank und mürbe insbesondere auch Mobbing machen kann.

Wie fühlt sich eigentlich Mobbing an? Kopfweh und Übelkeit, aber auch ein Bauchkneifen und der berühmte Druck im Magen, der sich so schwer wie ein Stein anfühlt, sind häufige Folgen von Mobbing. Spielerisch sollen die Kinder erkennen, dass Mobbing vor allem auch psychosomatische Beschwerden auslösen kann, die ein ernsthaftes Problem darstellen.

Wo tut es überall weh?

Zielgruppe: 1. und 2. Klasse

Material: für jede Tischgruppe 1 Kopie des Arbeitsblatts, s. S. 69, für jedes Kind 1 Stift; evtl. 1 Papierrolle, 1 Schere

Zeitaufwand: 10–15 Minuten

Spielverlauf:
Die Kinder bilden kleine Tischgruppen, die von Ihnen jeweils ein auf DIN A3 vergrößertes Arbeitsblatt erhalten.
Die einzelnen Tischgruppen besprechen, wie sich gezielte Übergriffe, die wiederholt über einen längeren Zeitraum vorkommen, auf das betroffene Kind auswirken können. Welche seelischen und körperlichen Symptome können dabei entstehen? Wo tut es am meisten weh?
Jede Gruppe holt sich einen Stift und markiert auf dem Arbeitsblatt die Körperbereiche des abgebildeten Kindes, die nach Ansicht der Gruppe, besonders weh tun. Gemeint sind z. B. Bauchschmerzen, Migräne, der berühmte Kloß im Hals oder Herzbeschwerden.
Am Ende tauschen sich die einzelnen Gruppen noch einmal darüber aus und ergänzen gegebenenfalls ihre Antworten auf dem Arbeitsblatt.

Variante für 3. und 4. Klasse:
Schneiden Sie von einer Papierrolle ein großes Stück ab, dass sie auf dem Boden ausbreiten. Eines der Kinder legt sich mit dem Rücken auf das Papier und zwar so, dass Sie den Körperumriss des Kindes so wie auf dem Arbeitsblatt abgebildet nachzeichnen können.
Die Kinder sollen die betroffenen Körperbereiche mit jeweils einem Pfeil kennzeichnen und passend dazu einen Satz formulieren, wie z. B. „Mobbing kann Bauchschmerzen verursachen“, „Zähneknirschen kann ein Auslöser gezielter Attacken sein“ oder „Schlafstörungen sind in Bezug auf Mobbing nicht selten“.
Ziel ist es, dass die Kinder erkennen, wie schädlich Mobbing für die Gesundheit und das allgemeine Wohlbefinden sein kann.

Wo tut es überall weh? (Arbeitsblatt)

Mobbing kann seelische und körperliche Beschwerden zur Folge haben. Markiere nun die Körperstellen, die auf ein Symptom hinweisen können. Ein typisches Beispiel hierfür sind z. B. Bauchschmerzen, die keinesfalls immer nur ein Magensymptom sein müssen.

Auf und davon

Zielgruppe: 1. und 2. Klasse

Material: für jedes Kind 1 weißes DIN-A4-Blatt Papier, Wachsmalstifte

Zeitaufwand: 20–30 Minuten

Spielverlauf:
Die Kinder sitzen an ihrem Arbeitsplatz und legen ihre Malsachen direkt vor sich auf den Tisch. Die Aufgabe der Kinder besteht darin, einen Ort zu malen, an dem sie am liebsten wären, wenn sie sich unverstanden, alleingelassen und einfach unwohl fühlen. Das kann z. B. ein lichtdurchflutetes Waldstück, ein weißer Sandstrand oder einfach eine verlassene Hütte sein.
Sobald alle Werke fertig sind, bilden die Kinder einen Stuhlkreis, um sich gegenseitig der Reihe nach im Uhrzeigersinn ihre Kunstwerke zu präsentieren. Dabei dürfen die übrigen Kinder erraten, was auf den einzelnen Bildern zu sehen ist.
Im Anschluss daran können Sie den Kinder bewusst machen, dass vor allem auch Kinder, die ständig von anderen schikaniert werden, oftmals gerne weglaufen würden, weil für sie alles so aussichtslos erscheint. Machen Sie den Kindern in diesem Zusammenhang auch klar, dass ein Tapetenwechsel durchaus guttun kann, jedoch das eigentliche Problem, das man im Rucksack mit sich trägt, nicht löst. Damit Mobbing nirgendwo eine Chance hat, ist es wichtig, sofort zu reagieren und über die Vorkommnisse zu sprechen.

Variante für 3. und 4. Klasse:
Die Kinder schreiben auf, wohin wohl ein Kind, das von anderen gemobbt wird, ihrer Meinung nach am liebsten gehen würde. Die Kinder sollen ihrer Fantasie freien Lauf lassen. Es können ganz verschiedene Orte sein, wie z. B. ein Versteck auf dem Spielplatz, ein Baumhaus oder eine kleine Bucht. Ziel ist es, sich in die Situation der betroffenen Kinder hineinzuversetzen und Empathie zu entwickeln. Unabhängig davon, bilden die Kinder einen Stuhlkreis. Die Kinder lesen nacheinander das vor, was auf ihren Blatt Papier steht. Dabei werden sie feststellen, dass es durchaus Übereinstimmungen geben kann.
Am Schluss sollten Sie den Kindern jedoch bewusst machen, dass Weglaufen und Verstecken auf Dauer keine Lösung sein können.

Einfach woanders sein und dem Mobbing entfliehen, wünschen sich wohl die meisten Kinder, die von Mobbing betroffen sind. Spielerisch sollen die Kinder erkennen, wie sehr sie unter den Übergriffen leiden und deshalb vielleicht am liebsten ganz weit weg wären, um Ruhe zu finden und neue Kraft zu tanken.

Schlafstörungen und Albträume

Zielgruppe: 1. und 2. Klasse

Material: 1 roter Wollknäuel, 1 Puppenbett und 1 Püppchen aus dem Puppenhaus

Zeitaufwand: 5–10 Minuten

Spielverlauf:
Die Kinder sitzen zusammen an einem Tisch, auf dem Sie ein Puppenbett, in dem ein Püppchen liegt, platzieren. Zudem benötigen Sie für die Gruppe einen roten Wollknäuel.
Machen Sie den Kindern bewusst, wie belastend Mobbing nachts im Bett sein kann. Wer ständig von anderen fertiggemacht wird, kann kaum noch richtig abschalten, sodass das Ein- und Durchschlafen zu einem echten Problem werden kann. Die Kinder dürfen nun auf ihre Bitte hin der Reihe nach etwas Faden vom Knäuel abwickeln und damit jeweils einen Kreis um das Puppenbett legen. Auf diese Weise stellen sie dar, wie die Gedanken des Kindes jede Nacht um das Thema „Mobbing“ kreisen und es somit einfach nicht mehr zur Ruhe kommt. Das hat zur Folge, dass das betroffene Kind morgens völlig übermüdet, gereizt und lustlos in der Schule ankommt und sich im Unterricht kaum auf eine Sache einlassen und konzentrieren kann.

Variante für 3. und 4. Klasse:
Im Gegensatz zu dem vorherigen Spiel darf jedes Kind, das einen Fadenkreis um das Puppenbett so wie im vorherigen Spiel gelegt hat, einen Satz formulieren, der seiner Meinung nach einem Kind, das gemobbt wird, immer wieder wie ein Blitz durch den Kopf schießen kann.
Dabei kann es z. B. sagen: „Ich möchte morgen nicht in die Schule gehen, weil sie mich bestimmt wieder hänseln!“ oder „Warum sind immer alle so gemein zu mir?“.

Wer unter Mobbing leidet, bekommt nachts häufig kein Auge zu. Die Gedanken kreisen immer um die völlig ausweglos erscheinende Situation. Mithilfe des roten Fadens, den die Kinder kreisförmig um das Puppenbett legen, soll das massive Problem verdeutlicht werden. Die Einschlaf- und Durchschlafstörungen bringen übrigens auch den Biorhythmus durcheinander, sodass die betroffenen Kinder tagsüber übermüdet, unkonzentriert und lustlos sein können.

Ich bin so wütend

Zielgruppe: 1. und 2. Klasse

Material: –

Zeitaufwand: 3–5 Minuten

Spielverlauf:
Die Kinder knien um einen kleinen Tisch herum.
Es geht mir gar nicht gut.
– *Auf sich selbst deuten.*
Ich habe eine große Wut.
– *Faust zeigen und am Schluss mit dem Ellenbogen auf die Tischplatte klopfen.*
Warum macht ihr das?
– *Ringsherum auf die Kinder zeigen.*
Macht das euch Spaß?
Es geht mir gar nicht gut.
– *Auf sich selbst deuten.*
Ich habe eine große Wut.
– *Faust zeigen und am Schluss mit dem Ellenbogen auf die Tischplatte klopfen.*

Im Anschluss an das Fingerspiel sollten Sie den Kindern bewusst machen, dass Kinder, die gemobbt werden, auch eine große innere Wut spüren können.

Variante für Kinder der 3. und 4. Klasse:
Die Kinder führen das Fingerspiel im Stuhlkreis durch und stampfen dabei auch zu jeder Silbe auf den Boden. Bei jeder zweiten Zeile stampfen sie jedoch etwas lauter, um die Wut zu bekräftigen.

Die permanente Angst, ständig wieder beschimpft, bloßgestellt und angegriffen zu werden, kann eine ungeheuere Wut auslösen und günstigstenfalls dazu führen, dass die Kinder Stärke zeigen und ihre Wut auf diese Ungerechtigkeit nutzen, um aus ihrer Außenseiterrolle auszusteigen, indem sie sich beispielsweise Hilfe holen.

Mutig sein und nicht wegschauen

Spielerisch „Nein!" sagen, Grenzen erfahren und setzen lernen

Kinder für das Thema „Mobbing" zu sensibilisieren, hat viele nennenswerte Vorteile: Die Kinder können sich viel leichter wehren und sagen, wenn etwas nicht in Ordnung ist. Im Ernstfall sind auch die übrigen Kinder, die gezielte Attacken gegen ein Kind beobachten, sofort in der Lage, in den Konflikt einzugreifen oder sich einfach Hilfe zu holen. Die Kinder wissen bestens Bescheid, dass über einen Vorfall in der Schule nicht geschwiegen werden darf, falls Mobbing im Keim erstickt werden soll. Schlussendlich hat nämlich niemand das Recht, eine andere Person zu schikanieren und zu mobben.

In diesem Kapitel sollen die Kinder lernen, möglichst frühzeitig in bestimmten Situationen „Nein!" zu sagen und dabei auch im wahrsten Sinne des Wortes die rote Karte zu ziehen. Spielerisch lernen sie so, nicht nur ihre eigenen Grenzen wahrzunehmen, sondern auch die der anderen zu respektieren. Dabei kann es vorkommen, dass sie sich anders als die Mehrheit verhalten müssen, um sich selbst treu und gerecht zu bleiben. Das wiederum erfordert eine große Portion Mut und das Gefühl, in einer bestimmten Situation das Richtige zu tun. Darüber hinaus sollen sie lernen, den Rat und die Hilfe, falls erforderlich, von anderen anzunehmen und natürlich auch nach ihren Möglichkeiten einzugreifen, wenn ein Kind ihre Hilfe braucht. Indem die Kinder sich nun spielerisch auf den Weg zu einer mobbingfreien Schule machen und dabei selbst beim kleinsten Verdacht auf Mobbing nicht einfach wegschauen, können sie viel leichter ein eindeutiges Zeichen gegen Mobbing, Gewalt und Cybermobbing setzen.

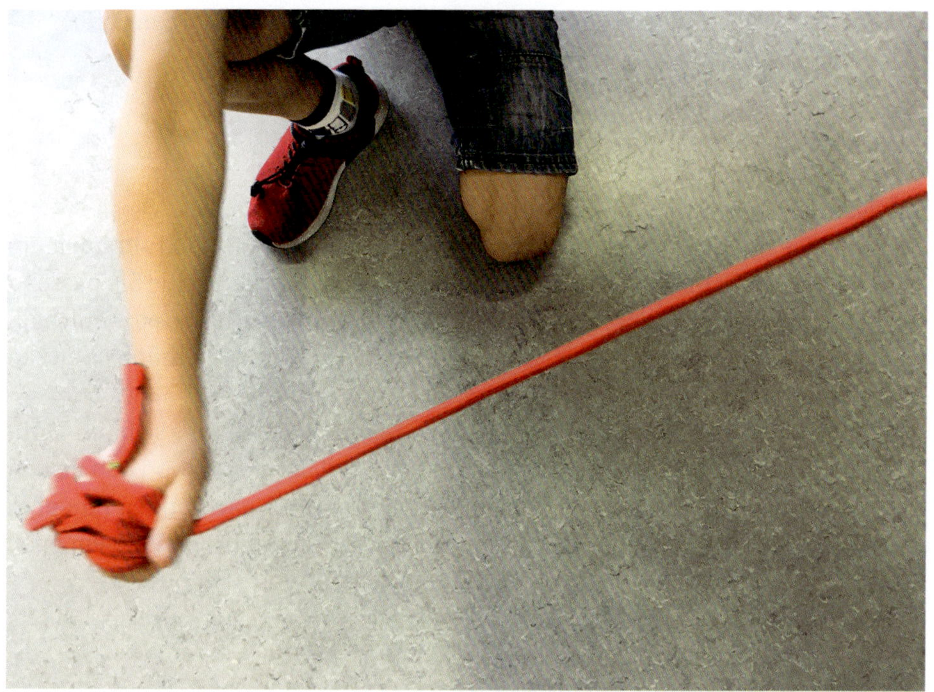

Wer vergeblich auf eine Änderung zum Besseren hofft, wird besonders frustriert, verletzt und wütend sein, wenn es trotz Gesprächen zu einer Grenzüberschreitung kommt. Bei Mobbing finden permanent Grenzüberschreitungen statt. Umso wichtiger ist es dann, dass Kinder rechtzeitig lernen, ihre Grenzen wahrzunehmen und zu verdeutlichen.

Mobbing, nein danke!

Zielgruppe: 1. und 2. Klasse

Material: je 1 rotes und 1 grünes rundes Faltpapier, 1 schwarzer Stift; evtl. für jedes Paar das Gleiche

Zeitaufwand: 5–10 Minuten

Spielverlauf:
Zeichnen Sie auf das grüne ein lachendes und auf das rote runde Faltpapier ein enttäuschtes Gesicht mit heruntergezogenen Mundwinkeln, auf die Sie passend dazu „Ja!" oder „Nein!" schreiben können. Bitten Sie nun zwei Kinder, die sich jeweils einen Kreis in einer bestimmten Farbe holen, sich mit ihren Stühlen Rücken an Rücken direkt vor die Klasse zu setzen.
Die Kinder sollen anhand Ihrer Aussage nun herausfinden, ob es sich um Mobbing handelt oder nicht. Je nachdem was zutrifft, soll dann eines von den beiden Kindern seinen dazu passenden Kreis so hochheben, dass alle übrigen Kinder in der Klasse das aufgemalte Gesicht sehen und gegebenenfalls ein Veto einlegen können, falls sie damit nicht einverstanden sein sollten.

Beispiele für das lachende grüne Gesicht:
- „Ich sage, wenn etwas nicht in Ordnung ist."
- „Ich schaue bei Mobbing nicht weg!"
- „Kein Kind darf ausgegrenzt werden!"

Beispiele für das wütende rote Gesicht:
- „Es ist doch nur Spaß, wenn wir die Mütze von dem Loser uns gegenseitig zuwerfen!"
- „Was ist schon dabei, wenn wir deine Sachen benutzen!"
- „Ich sehe es nicht so eng, wenn wir jemanden auslachen!"

Variante für 3. und 4. Klasse:
Die Kinder bilden Paare und setzen sich so wie die beiden Kinder im vorherigen Spiel beschrieben auf ihre Stühle. Eines von beiden hält den grünen und das andere den roten Kreis in einer Hand. Je nachdem, was Sie sagen, darf dann das Kind mit dem grünen oder roten Kreis aufstehen. Zur Kontrolle teilen Sie den Kindern mit, welche Paare richtig reagiert haben.

Diejenigen Paare mit den meisten richtigen Antworten haben am Ende die Nase vorne.

Mithilfe der Praxisidee sollen die Kinder lernen, auf ihr Bauchgefühl zu hören, wenn etwas nicht in Ordnung ist und das auch zeigen, indem sie dann ein wütendes rotes Gesicht aus Papier herzeigen.

Rucksack voller Fähigkeiten

Zielgruppe: 1. und 2. Klasse

Material: 1 kleiner Rucksack, für jedes Kind bis auf eines 1 Bauklotz o. Ä. oder für jedes Kind 1 weißes DIN-A4-Blatt und 1 Stift

Zeitaufwand: 10–15 Minuten

Spielverlauf:
Alle Kinder mit Ausnahme von einem holen sich jeweils einen Bauklotz und gehen wieder auf ihre Plätze zurück. Rufen Sie nun ein Kind auf, das sich einen Rucksack aufsetzen und vor die Klasse stellen darf. Danach sagen alle Kinder vom Platz aus laut:

„Du brauchst dich nicht klein zu machen.
Denn du kannst sehr viele tolle Sachen!“

Die Kinder dürfen nun der Reihe nach nach vorne treten und jeweils einen Bauklotz in den Rucksack des Kindes legen. Dabei benennen sie jeweils eine bestimmte Fähigkeit, die ihnen bei dem Kind aufgefallen ist. Das kann z. B. Hilfsbereitschaft, Freundlichkeit oder Zuhören sein. Danach darf sich das Kind voller Stolz wieder zu seinem Platz im Klassenzimmer begeben. Machen Sie dem Kind noch einmal bewusst, wie viele Fähigkeiten es „in seinem Rucksack“ hat und sich somit von niemandem fertigmachen zu lassen braucht.
Im Anschluss daran fängt eine weitere Spielrunde mit einem neuen Kind an, das sich den Rucksack des Kindes aufsetzt, sobald alle Bauklötze wieder von den anderen herausgeholt worden sind.
Auf diese Weise kommen alle Kinder, die gerne möchten, an die Reihe.

Variante für 3. und 4. Klasse:
Jedes Kind schreibt auf sein Blatt Papier seinen Namen. Danach stehen die Kinder auf und schreiben auf die Blätter der anderen Kinder jeweils eine Fähigkeit auf, die sie bei dem Kind, dem das Blatt Papier gehört, irgendwann einmal wahrgenommen haben.
Am Ende setzen sich alle Kinder wieder auf ihre Plätze und lesen der Reihe nach das, was auf ihrem Papier steht, laut vor. Sie bewahren dann die Papiere in einem

Rucksack auf, die sie kurz vor dem Nachhausegehen wieder herausholen und schließlich mitnehmen.

Wer weiß, was er kann, lässt sich nicht so schnell von anderen erniedrigen und fertigmachen. Deshalb ist es wichtig, dass das Selbstwertgefühl von Kindern nicht nur durch Worte aufgebaut und gestärkt wird.

Ich schaue nicht weg!

Zielgruppe: 1. und 2. Klasse

Material: –

Zeitaufwand: 3–5 Minuten

Spielverlauf:

Zu Beginn wählen Sie zwei beliebige Kinder aus, die sich voreinander vor die Klasse stellen. Lesen Sie nun den Text laut vor, zu dem die beiden Kinder die dazu passende Mimik, Gestik und Körperhaltung machen.

Ich habe es gesehen
und kann es nicht verstehen.
– *Das erste Kind deutet erst auf das zweite Kind und dann auf sich selbst.*
Das was sie mit dir machen,
ist wirklich nicht zum Lachen.
– *Das erste Kind stampft verärgert auf den Boden und zeigt kämpferisch die Faust.*
Ich hole sofort Hilfe für dich.
Nimmst du sie an, freut es mich.
– *Das erste Kind reicht dem zweiten beide Hände, die es dankend annimmt. Dabei dürfen sich auch beide Kinder, falls sie möchten, gegenseitig umarmen.*

Ziel ist es, den Kindern spielerisch zu verdeutlichen, dass man sich jederzeit Hilfe von außen holen kann, falls man mit einer Situation restlos überfordert oder gar selbst von Mobbing betroffen ist.

Variante für 3. und 4. Klasse:

Im Gegensatz zu dem vorherigen Rollenspiel bilden die Kinder Paare. Den Text schreiben Sie auf die Tafel. Danach spielen die Paare gleichzeitig das Rollenspiel. Dabei dürfen alle Kinder, die ihrem Partnerkind helfen wollen, den Text gemeinsam vorlesen, sodass es wie im Chor klingt. Auf diese Weise wird den Kindern noch einmal verdeutlicht, dass es viele Menschen gibt, die ihnen hilfreich zur Seite stehen können.

Die Kinder sollen durch das kleine Rollenspiel erfahren, wie wichtig ist es, Zivilcourage zu zeigen und nicht einfach nur wegzuschauen. Damit jedoch die Kinder, die alles beobachtet haben, nicht selbst zur Zielscheibe werden, müssen sie wissen, dass auch sie sich mit oder ohne dem davon betroffenen Kind Hilfe holen können.

Das ist meine Grenze

Zielgruppe: 1. und 2. Klasse

Material: 1 Bodenmarkierung, 1 Papierstreifen o. Ä.

Zeitaufwand: 20–30 Minuten

Spielverlauf:
Zu Spielbeginn suchen die Kinder sich in der Turnhalle eine Spielfeldlinie aus oder, falls sie im Klassenzimmer sind, legen Sie einfach einen langen Papierstreifen auf den Boden hin, vor dem sich die Kinder nebeneinander stellen. Miteinander sollen die Kinder überlegen, welche Verhaltensweise sie keinesfalls tolerieren würden. Das erste Kind in der Reihe fängt an und sagt z. B.:

„Ich setze eine Grenze, sobald mich jemand bedroht!"

Daraufhin kniet sich das Kind auf den Boden und deutet auf den Streifen, der die Grenze darstellt. Auf die gleiche Weise setzt das zweite Kind das Spiel fort, indem es z. B. sagt:

„Ich zeige dir meine Grenze, wenn du mich hänselst!"

Das Kind kniet sich ebenfalls vor den Streifen, um seine „persönliche Grenze" zu veranschaulichen.
Es geht so immer weiter, bis alle Kinder vor dem Streifen knien.

Variante für 3. und 4. Klasse:
Die Kinder stellen sich so wie im vorherigen Spiel beschrieben auf. Das erste Kind in der Reihe beginnt und sagt z. B.:

„Ich verdeutliche dir meine Grenze, wenn du mich beleidigst!"

Diejenigen Kinder, die genauso denken, knien sich auch vor den Streifen und zeigen dabei auf die Grenze bzw. den Streifen. Danach stehen alle wieder auf. Das zweite Kind in der Reihe setzt das Spiel auf die gleiche Weise mit einem neuen Satz fort. Sollten ein oder mehrere Kinder anderer Meinung sein und stehenbleiben, sollten Sie gemeinsam mit den Kindern darüber sprechen.

So geht's immer weiter, bis alle Kinder an der Reihe gewesen sind.

Kinder müssen lernen, ihre eigenen Grenzen zu erkennen und in bestimmten Situationen so wie bei dieser Praxisidee eindeutig zu zeigen. Ansonsten laufen sie Gefahr, von anderen nicht ernstgenommen zu werden, sodass sie viel leichter ausgenützt und sogar gemobbt werden können.

Das geht gar nicht

Zielgruppe: 1. und 2. Klasse

Material: –

Zeitaufwand: 5–10 Minuten

Spielverlauf:

Alle Kinder mit Ausnahme von zwei Kindern sitzen zusammen am Tisch.
Diese beiden Kinder stellen sich direkt gegenüber vor die Klasse hin. Eines von beiden kniet sich auf den Boden. Miteinander führen die übrigen Kinder die folgende Klanggeschichte durch, bei dem der Tisch das Instrument darstellt:

Sie wollen Dich schikanieren und schlagen.
Das geht gar nicht! Das möchte ich Dir sagen.

- *Mit den Handflächen abwechselnd bei jeder Silbe und am Schluss mit der Faust kräftig auf dien Tisch schlagen.*

Niemand darf mit Dir so etwas machen.
Auf jeden Fall ist das gar nicht zum Lachen.

- *S.o.*

Du brauchst es nicht alleine durchzustehen.
Es gibt Hilfe! Du brauchst nur hinzugehen.

- *S.o.*

Steh auf und sage „Nein!" hier und heute.
Hol' dir Verbündete. Es gibt viele tolle Leute!

- *Alle stehen auf und geben sich gegenseitig die Hände.*
- *Das Kind reicht nun dem anderen ebenfalls seine Hände, das nun aufsteht und sich im wahrsten Sinne des Wortes groß macht.*

Variante für 3. und 4. Klasse:

Schreiben Sie die Klanggeschichte auf die Tafel auf. Danach verläuft alles so wie im vorherigen Spiel beschrieben, jedoch lesen dabei die Kinder am Tisch gemeinsam laut die Klanggeschichte vor, sodass das Ganze eine große Kraft hat.

Die Kinder müssen von klein auf lernen, dass sie durchaus auch traurig, enttäuscht, verletzt und niedergeschlagen sein dürfen. Es ist jedoch wichtig, dass sie dabei auch lernen, die Hilfe von anderen anzunehmen, falls sie etwas aus eigener Kraft nicht schafften sollten.

Nein, das dulden wir nicht!

Zielgruppe: 1. und 2. Klasse

Material: für fünf Kinder jeweils 1 rotes rundes Faltpapier, 1 schwarzer Stift, 1 Klebestift

Zeitaufwand: 5–10 Minuten

Spielverlauf:
Zu Beginn schreiben Sie auf jedes rote runde Faltblatt das Wort „Nein" und malen auf jedes ein Gesicht mit heruntergezogenem Mundwinkel, der die Wut und das Entsetzen, welches hinter dem „Nein!" steht, verdeutlichen soll. Kleben Sie nun Papiergesichter so zusammen, dass diese eine Einheit bilden und von einem Kind mit beiden Händen festgehalten werden können.
Wählen Sie nun ein Kind aus, das sich gerne vor die Klasse stellen und die Papiergesichter haben möchte. Das Kind benennt dann eine Situation, die auf Mobbing hindeutet und keinesfalls von den anderen zu tolerieren ist. Dabei kann es z. B. sagen:

„Ein paar Kinder hänseln ein anderes Kind! Dürfen wir einfach wegschauen?"

Während es nun die Papiergesichter vor sein Gesicht hält, rufen alle in der Klasse:

„Nein, das dulden wir nicht!"

Danach tauscht es mit einem anderen den Platz, das nun die Papiergesichter erhält und einen ähnlichen Satz, der eine andere Form von Mobbing enthält, formuliert.
Auf diese Weise finden noch ein paar Durchgänge statt.

Variante für 3. und 4. Klasse:
Im Gegensatz zu dem vorherigen Spiel soll die Klasse den Kern des Satzes sinngemäß wiedergeben, indem sie sagt:

„Nein, Hänseln dulden wir nicht!"

Ansonsten verläuft alles so wie oben beschrieben.

Mithilfe der Praxisidee üben die Kinder, genau hinzuschauen und fest zusammenzuhalten, wenn sie merken, dass ein Kind mehr als ungerecht von einem oder mehreren Kindern aus der Klasse oder Schule behandelt wird. Auf diese Weise können Kinder ohne viel Zutun bereits im Grundschulalter Zivilcourage lernen.

Stopp Mobbing jetzt!

Zielgruppe: 1. und 2. Klasse

Material: für jedes Kind, 1 Arbeitsblatt, s. S. 91, 1 roter und 1 grüner Stift

Zeitaufwand: 10–15 Minuten

Spielverlauf:

Die Kinder erhalten von Ihnen jeweils ein Kopie des Arbeitsblatt auf DIN A4 vergrößert. Es stehen immer zwei Wörter nebeneinander. Die Kinder sollen entscheiden, welches von beiden eine Maßnahme gegen Mobbing sein kann. Dabei streichen sie in jeder Reihe das Wort mit Rot durch, das den nötigen Nährboden für Mobbing gibt. Die richtige Maßnahme jedoch kreisen sie grün ein.

Am Schluss bilden die Kinder einen Stuhlkreis, um ihre Antworten zu vergleichen. Die Kinder dürfen nun nacheinander links im Kreis herum jeweils zwei Wörter in einer Reihe vorlesen und dabei ihre Antwort mitteilen. Falls jedoch nicht alle Kinder damit einverstanden sind, sollten Sie gemeinsam mit den Kindern darüber diskutieren, welche Maßnahme die richtige ist.

Lösungen:

1. Hinschauen
2. Aufstehen
3. „Nein" sagen
4. Verbündete suchen
5. Reden
6. Sich dem Problem stellen
7. Hinstellen
8. Hilfe annehmen
9. über Mobbing aufklären
10. Helfen
11. Die Hand reichen
12. Mobbing geht uns alle an

Variante für 3. und 4. Klasse:

Im Gegensatz zu der vorherigen Praxisidee, darf jedes Kind, sobald es das Arbeitsblatt bearbeitet hat, eine weitere Reihe bestehend aus zwei Wörtern auf die Rückseite des Arbeitsblattes aufschreiben, die es den anderen im Stuhlkreis zusätzlich vorstellen darf.

Ziel ist es, dass die Kinder sich noch einmal darüber Gedanken machen, wie Mobbing gestoppt werden kann.

Stopp Mobbing jetzt! (Arbeitsblatt)

In jeder Reihe findest du ein Wort, das Mobbing weiteren Nährboden gibt. Streiche das Wort mit Rot durch und kreise das andere mit Grün ein, so dass du genau weißt, was du gegen Mobbing tun kannst.

1. Wegschauen oder hinschauen?

2. Liegenbleiben oder aufstehen?

3. „Nein!“ sagen oder erdulden?

4. Ausgegrenzt sein oder Verbündete suchen?

5. Schweigen oder reden?

6. Sich dem Problem stellen oder weglaufen?

7. Sich klein machen oder hinstellen?

8. Hilfe annehmen oder Hilfe verweigern?

9. Mobbing akzeptieren oder über Mobbing aufklären?

10. Mitmachen oder helfen?

11. Die Hand reichen oder nichts damit zu tun haben wollen?

12. „Mobbing geht uns alle an“ oder „Mobbing ist nicht mein Problem“?

Ganz laut und deutlich

Zielgruppe: 1. und 2. Klasse

Material: –

Zeitaufwand: 3–5 Minuten

Spielverlauf:

Der Erste sagt zu Mobbing „Nein!".
– *Eine Faust bilden und ausgehend vom Daumen ...*
Das kann aber noch viel lauter sein!
Der Zweite sagt zu Mobbing „Nein!".
– *... der Reihe nach die Finger ausstrecken.*
Das kann aber noch viel lauter sein!
Der Dritte sagt zu Mobbing „Nein!".
Das kann aber noch viel lauter sein.
Der Vierte sagt zu Mobbing „Nein!".
Das kann aber noch viel lauter sein.
Der Fünfte sagt zu Mobbing „Nein!".
Gemeinsam wird es ganz laut sein!
– *Am Schluss alle zehn Finger in der Luft zappeln lassen.*

Variante für 3. und 4. Klasse:

Fünf Kinder, die sich freiwillig melden, stellen sich vor ihrer Klasse auf. Sie lesen den Text vor, bei dem jedes Kind einmal ganz laut „Nein!" rufen darf, das von Kind zu Kind immer lauter wird. Passend dazu zeigen Sie den Kindern der Reihe nach fünf Plakate, bei denen das „Nein!" immer größer zu lesen ist.
Am Schluss steht die ganze Klasse auf und ruft laut „Nein!".

Spielerisch sollen die Kinder erfahren, dass ein lautes „Nein!“ besonders deutlich wahrgenommen werden kann. Unmissverständlich und selbstbewusst sollten die Kinder auch „Nein!“ zu Mobbing sagen lernen, damit die Kinder, die ein anderes Kind mobben gleich merken, dass sie mit ihren Methoden nicht so einfach durchkommen werden.

Grenzen, die für alle gelten

Zielgruppe: 1. und 2. Klasse

Material: 1 rotes Springseil o. Ä., ein paar Baumscheiben o. Ä, 1 schwarzer Stift

Zeitaufwand: 5–10 Minuten

Spielverlauf:
Die Kinder stehen um an einen Tisch herum, auf dem sie ein rotes Seil ausbreiten. Eines von ihnen beginnt und sagt z. B.:

„Ich setzte ein Grenze, sobald ich geschlagen werde!"

Daraufhin schreiben sie „Schlagen" auf die Baumscheibe, die das Kind dann auf die das rote Seil legt. Sind sich alle einig, dass das keinesfalls zu tolerieren ist, führt das nächste Kind das Spiel fort, indem es z. B. sagt:

„Ich setzte eine Grenze, sobald ich verspottet werde!"

Auf diese Weise geht's immer weiter, bis alle Kinder zu Wort gekommen sind und die beschrifteten Baumscheiben auf der Grenze liegen. Sobald alle vor dem Seil mit den beschrifteten Baumscheiben sitzen, lesen Sie noch einmal vor, sodass noch einmal die Grenzen klar definiert werden.
Ziel ist es, dass die Kinder erkennen, dass es in der Gesellschaft für alle Regeln und Grenzen gibt, die man gut oder schlecht finden kann, die jedoch verbindlich sind.

Variante für 3. und 4. Klasse:
Im Gegensatz zu dem o. g. Spiel sitzen alle Kinder um den Tisch herum. Danach dürfen die Kinder nacheinander einen Satz so wie im vorherigen Spiel bilden und dabei auf die rote Linie bzw. das rote ausgebreitete Seil zeigen.
Jedes Mal, wenn das geschieht, stehen alle Kinder auf und rufen laut:

„Wir sind gegen Mobbing und Gewalt!"

Dabei heben sie den Daumen in die Luft.

Mithilfe der Praxisidee sollen die Kinder sich über Grenzen bewusst werden, die für alle gelten und für ein gutes Miteinander unerlässlich sind. Auf diese Weise machen sie auch klar, dass sie kein Mobbing in ihrem (Schul-)Alltag dulden.

Komm in unsere Mitte

Sozialform: 1. und 2. Klasse

Material: –

Zeitaufwand: 3–5 Minuten

Spielverlauf:
Alle Kinder sitzen zusammen im Kreis, sagen und machen Folgendes:

Komm zu uns bitte.
Komm in unsere Mitte.
– *Jemanden herbeiwinken und auf die Kreismitte zeigen.*
Traue dich und zeig Mut
So wird dann alles gut.
– *Den Daumen hochheben.*
Komm zu uns bitte.
Komm in unsere Mitte.
– *S. o.*

Ziel ist es, den Kindern klarzumachen, dass es Hilfsangebote gibt. Allerdings erfordert das auch, dass man den ersten Schritt macht und den Mut hat, diese auch anzunehmen. An dieser Stelle können Sie die Kinder auch auf öffentliche Institutionen und Beratungsstellen hinweisen sowie auf die kostenlose und anonyme Telefonberatung für Kinder und Jugendliche bzw. die Nummer gegen Kummer, die auch über die EU Rufnummer 116 111 erreichbar ist, die Kinder leicht auswendig lernen können.

Variante für 3. und 4. Klasse:
Die Kinder bilden eine Kleingruppe und führen das Fingerspiel der Reihe nach als Rollenspiel auf. Dabei wählen Sie ein Kind aus ihrer Mitte aus, das das „ausgegrenzte“ Kind spielt. Miteinander sagen sie dabei den o. g. Text auf.

Spielerisch lernen die Kinder, sich klar zu positionieren, indem sie das betroffene Kind, das von anderen schikaniert und gemobbt wird, zu sich in ihre Mitte nehmen. Auf diese Weise zeigen sie auch, dass sie nicht einfach wegschauen, wenn ein Unrecht direkt vor ihren Augen geschieht.

Mobbing in sozialen Netzwerken

Mithilfe von Spielen und anderen Angeboten erfahren, was man gegen beleidigende Kommentare auf Social-Media-Plattformen tun kann

Cybermobbing (auch Cyberbullying genannt) ist ein ernsthaftes Problem und hat in den letzten Jahren an Schulen deutlich zugenommen. Dabei werden die betroffenen Kinder häufig besonders gezielt und hart angegriffen, sodass sie massiv unter den Attacken im virtuellen Raum leiden können. Mobbing in der digitalen Form erfolgt meist gleichzeitig über mehrere Medienkanäle. Mit gestohlenen Passwörtern, verstellter Stimme, Pseudo- oder Nicknamen glauben viele, im Internet anonym agieren zu können. Drohungen, Erpressungen, Beleidigungen und vieles mehr können dann zu jeder Tages- und Nachtzeit in sozialen Netzwerken über die Kommentarfunktionen für ein unüberschaubares Publikum sichtbar hinterlassen werden.
In diesem Kapitel sollen sich die Kinder mit dem Thema „Cybermobbing" befassen, das durch seine spezifischen Methoden eine Sonderform des Mobbings darstellt. Die Kinder sollen auf verspielte Weise erfahren, wie rasant man über Social Media Plattformen, in Chatrooms, per Mail oder SMS unschöne Fotos und Videos von Personen verschicken und dabei auch Gerüchte und/oder diskriminierende Nachrichten verbreiten kann. Miteinander lernen sie, wie schnell man die Kontrolle über die Inhalte verlieren und dabei einen enormen Schaden verursachen kann. Darüber hinaus lernen sie spielerisch ihre Rechte und Möglichkeiten kennen, zu denen auch das Beweisesichern gehört. Nicht zuletzt wird ihnen gezeigt, wie sie Nutzer*innen, die sie oder ein anderes Kind in der virtuellen Welt drangsalieren und demütigen, schon beim ersten Versuch sperren können.

Beim Cybermobbing werden absichtlich über einen längeren Zeitraum u. a. böse Kommentare, Bilder und Videos über ein Kind mittels digitalen Kommunikationsmedien verbreitet. Dazu zählen auch ständige Anrufe mit oder ohne verstellter Stimme, um jemanden zu belästigen und fertigzumachen. Unabhängig davon, können bei dieser Form von Mobbing nicht nur das Smartphone, sondern auch alle übrigen internetfähigen Endgeräte genutzt werden, wie z. B. Computer und Spielkonsolen.

Gerüchteküche

Zielgruppe: 1. und 2. Klasse

Material: 1 großer Kochtopf, 1 Kochlöffel, ein paar Bierdeckel, 1 schwarzer Stift

Zeitaufwand: 5–10 Minuten

Spielverlauf:
Zu Beginn stellen sie einen Kochtopf auf eine Herdplatte oder einen Tisch. Danach holen Sie sich einen Kochlöffel. Die Kinder sollen nun Gerüchte verbreiten. Eines von den Kindern erhält von Ihnen den Kochlöffel und sagt z. B.:

„Ich habe gehört, dass XY pleite ist und zum Ausflug nicht mitfahren kann!"

Schreiben Sie nun auf einen Bierdeckel das Wort „pleite" auf. Das Kind legt dann den beschrifteten Bierdeckel in den Topf und rührt darin um. Danach wählt es ein anderes Kind aus, dem es den Kochlöffel übergibt. Das neue Kind setzt das Gerücht fort, indem es z. B. sagt:

„XY wäscht sich nur einmal in der Woche und stinkt fürchterlich!"

In diesem Fall schreiben Sie nun das Stichwort „stinkt" auf einen weiteren Bierdeckel, der ebenfalls im Topf landet.

Auf diese Weise wird die Gerüchteküche so lange weitergeführt, bis jedes Kind einen Satz bilden und die Bierdeckel im Topf umrühren konnte.
Im Anschluss daran schauen alle in den Topf, in dem sich die vielen beschrifteten Bierdeckel befinden, die den Kindern vor Augen führen sollen, wie schnell die Gerüchteküche brodeln kann. In diesem Zusammenhang sollten die Kinder wissen, dass Gerüchte hinterfragt werden und falsche Behauptungen richtiggestellt werden müssen.

Variante für 3. und 4. Klasse:
Das Spiel verläuft so wie im vorherigen Spiel beschrieben. Allerdings soll das Kind vor dem Kochtopf stets das, was es zuvor gehört hat wiederholen, bevor es etwas Neues hinzufügt.

Eine typische Form des Cybermobbings ist die Verbreitung von Lügen und Gerüchten, wie z. B. in Messengergruppen auf sozialen Netzwerken. Das kann jederzeit passieren, sodass die Gerüchteküche nicht nur brodelt, sondern auch das betroffene Kind rund um die Uhr verfolgen kann.

Schwarz auf weiß

Zielgruppe: 1. und 2. Klasse

Material: 2 Handspielpuppen, 1 beschriftetes DIN-A4-Blatt Papier

Zeitaufwand: 3–5 Minuten

Spielverlauf:

Der Erste sagt: „Hallo! Es steht hier Schwarz auf Weiß!"
Der Zweite sagt: „Es steht überall soweit ich weiß!"
Der Erste sagt: „Wer kann so etwas nur machen?"
Der Zweite sagt: „Ja, das sind keine schöne Sachen!"
Der Erste sagt: „Was hier geschrieben ist auf dem Blatt,
macht mich bestimmt nicht schachmatt!"
Der Zweite sagt: „Und was möchtest Du dagegen machen,
damit sie nicht weiter so etwas machen?"
Der Erste sagt: „Ich frage die Kinder aus dieser Klasse!
Ein paar Antworten wären einfach klasse!"

Benutzen Sie für den o. g. Dialog am besten zwei große Handspielpuppen, sobald alle Kinder im Stuhlkreis zusammen sitzen. Eine Handpuppe hat dabei ein Blatt Papier in der Hand, auf dem ein paar Zeilen stehen, die auf Mobbing hinweisen können. Am Ende fragt die erste Handspielpuppe die Kinder nach ein paar Lösungswegen. Mögliche Antworten können z. B. sein: Das Geschriebene ignorieren, die Klasse mit diesen Zeilen konfrontieren, sich einem Lehrer oder einer Lehrerin anvertrauen oder bei Verdacht direkt auf die betreffenden Kinder zugehen.

Variante für 3. und 4. Klasse:

Zwei Kinder, die sich freiwillig melden, lesen sich den Text durch und machen daraus ein Rollenspiel, indem sie vor die Klasse treten und sinngemäß den Inhalt wiedergeben. Eines von beiden hält dabei das Blatt Papier in der Hand. Ansonsten verläuft alles so wie im vorherigen Spiel beschrieben.

Unschöne Kommentare, bloßstellende Fotos und vieles mehr können nicht nur jahrelang im Netz zu finden sein, sondern auch ausgedruckt und überall verteilt werden. Dass das so stattfinden kann, soll den Kindern mithilfe dieses einfachen Handpuppen- oder Rollenspiels bewusst gemacht werden. Gleichzeitig sollen die Kinder lernen, sich dagegen zur Wehr zu setzen.

Cybermobbing-Werkzeug

Zielgruppe: 1. und 2. Klasse

Material: 1 altes Smartphone

Zeitaufwand: 5 –10 Minuten

Spielverlauf:

Während die Kinder einen Stuhlkreis bilden, holen Sie sich ein Smartphone.
Die Kinder dürfen nun der Reihe nach links im Kreis herum sagen, welche digitale Kommunikationsmittel sie benutzen und wofür sie diese brauchen. Wann wird es jedoch problematisch? Welche Inhalte, Fotos und Videos dürfen im virtuellen Raum keinesfalls verbreitet werden? Mögliche Antworten können beleidigende Nachrichten sein, aber auch bloßstellende Fotos und Videos, die das ausgewählte Kind lächerlich machen sollen. Dabei erhält immer dasjenige Kind das Smartphone, das gerade das Wort hat.
Ziel ist es, dass die Kinder nach Möglichkeit ihre Kenntnisse über digitale Kommunikationsmittel preisgeben und so auch miteinander ins Gespräch kommen.

Variante für 3. und 4. Klasse:

Dasjenige Kind, das gerade das Smartphone symbolisch für alle internetfähigen Endgeräten in den Händen hält, geht auf ein anderes Kind im Kreis zu, um ihm das Smartphone zu übergeben. Dabei sagt es z. B. laut:

„Ich benutze ein Tablet und schicke Dir eine Nachricht per Mail!"

Daraufhin wechseln beide ihre Plätze. Das Kind tut es ihm gleich und sucht sich ein weiteres Kind aus, dem es das Smartphone überreicht. Dabei sagt es z. B. laut:

„Ich benutze ein Smartphone und schreibe Dir über den Messenger eine Nachricht!"

Auf diese Weise geht's immer weiter, bis möglichst alle Kinder einmal sagen konnten, wie sie gute aber auch schlechte Nachrichten über Smartphone, Tablet & Co. relativ einfach und schnell versenden können.

Was wissen Grundschulkinder bereits über die digitalen Kommunikationsmittel? Welche benutzen sie gerne und wozu? Gibt es Dinge im virtuellen Raum, die keinesfalls zu tolerieren sind? Das sind spannende Fragen, die Sie gemeinsam mit den Kindern am besten im Stuhlkreis von Angesicht zu Angesicht klären können.

Stopp Cybermobbing!

Zielgruppe: 1. und 2. Klasse

Material: 1 altes Smartphone

Zeitaufwand: 5–10 Minuten

Spielverlauf:
Fünf bis sechs Kinder, die sich freiwillig melden, teilen sich in zwei unterschiedlich große Gruppen auf. Während die erste Gruppe sich zusammen an einen Tisch setzen darf und von Ihnen ein altes Smartphone erhält, stellt sich die zweite etwas abseits von der ersten Gruppe auf. Alle übrigen Kinder beobachten vom Platz aus, wie die Tischgruppe so tut, als ob sie eine schlechte Nachricht eintippen würde, die sie obendrein auch laut formuliert. Das können z. B. Sätze sein wie:

„XY ist potthässlich, matt in der Birne und volle Kanne blöd!"

Die zweite Gruppe hört das, greift sofort ein und teilt der erste Gruppe unmissverständlich mit, dass das alles andere als in Ordnung ist.
Am Ende diskutieren alle Kinder in der Klasse darüber, wie wichtig es ist, gerade auch im Hinblick auf die enorme Verbreitungsmöglichkeit im virtuellen Raum sofort zu handeln.

Variante für 3. und 4. Klasse:
Die Klasse bildet Kleingruppen, die der Reihe nach mithilfe des Smartphones das Rollenspiel durchführen.
Im Anschluss daran diskutieren die Kinder darüber, wie sie sich dabei in ihren Rollen gefühlt haben und was sie im Ernstfall bei Verdacht auf Cybermobbing auf jeden Fall tun sollten.

Auf frischer Tag jemand zu ertappen, der gerade im Begriff ist z. B. eine beleidigende Nachricht über das Smartphone zu versenden, ist nicht immer so einfach, jedoch nicht unmöglich. So wie beim klassischen Mobbing müssen die Kinder lernen, bei dem geringsten Verdacht nicht einfach wegzuschauen, sondern ein klares Stoppsignal zu setzen.

Cybermobbing – Was sind die Besonderheiten?

Zielgruppe: 1. und 2. Klasse

Material: 1 altes Smartphone, 1 Arbeitsblatt, s. S. 109; evtl. für jede Kleingruppe 1 Arbeitsblatt und 1 Stift

Zeitaufwand: 15–10 Minuten

Spielverlauf:
Zu Beginn lesen Sie den Kindern die erste Frage auf dem Arbeitsblatt vor. Dabei bekommt immer dasjenige Kind das alte Smartphone von Ihnen in die Hand gedrückt, dem Sie gerade das Wort erteilen. Erst wenn alle Kinder sich dazu äußern konnten, folgt die zweite und genauso dann die dritte Frage, die Sie erst einmal den Kindern vorlesen, bevor sie diese beantworten dürfen.

Mögliche Antworten zu der ...

Frage 1: Abfällige Bemerkungen, Drohung, Beleidigung, Erpressung, Gerüchte, abfällige Kommentare mit Fotos, Fotomontagen und Videos, die ohne Einverständnis im Netz kursieren, ...

Frage 2: Sehr viele Menschen können zusehen und mitmachen, zu jeder Tages- und Nachtzeit kann Cybermobbing erfolgen, Kommentare, Bilder, Videos & Co. sind für jeden auffindbar und können auch Jahre später woanders auftauchen, ...

Frage 3: Nachrichten ungelesen löschen, Kommunikation mit den Tätern blockieren, Beweismittel im Netz sammeln, Anlaufstellen im Internet nutzen, Polizei einschalten, z. B. bei Erpressung und Nötigung, ...

Variante für 3. und 4. Klasse:
Die Kinder bilden Kleingruppen und füllen jeweils ein Arbeitsblatt aus.
Miteinander besprechen die einzelnen Gruppen dann die einzelnen Fragen.
Auf diese Weise können die Kinder auch ihre Antworten ergänzen und somit voneinander und miteinander lernen.

Cybermobbing – Was sind die Besonderheiten? (Arbeitsblatt)

Stell dir von, ein Kind nutzt sein Smartphone und bemerkt, dass in den sozialen Netzwerken über es abfällige Kommentare stehen. Das betroffene Kind ist tief verletzt, denn es ist eindeutig zur Zielscheibe von Cybermobbern geworden.

1. Wie kann noch über das Internet - über Social Media und im Chat gemobbt werden?

2. Welche weitreichende Folgen kann Cybermobbing haben?

3. Was kann man gegen Cybermobbing tun?

Fotos speichern und teilen

Zielgruppe: 1. und 2. Klasse

Material: für jedes Kind 1 DIN-A3-Blatt Papier, 6–8 Spielfiguren und 1 roter Stift; evtl. 1 roter Wollknäuel

Zeitaufwand: 5–10 Minuten

Spielverlauf:
Jedes Kind holt sich einen roten Stift, ein Blatt Papier und sechs bis acht Spielfiguren, die es nicht zu nah beisammen auf das direkt vor ihm auf dem Tisch liegende Papier platziert.
Die Kinder sollen sich vorstellen, wie ein Kind ein bloßstellendes Foto mit einem digitalen Endgerät über ein soziales Netzwerk hochlädt und es schließlich an eine anderes Kind versendet. Ausgehend von einer Spielfigur macht es einen roten Pfeil zu einer anderen. Die Kinder sollen sich anhand der neuen Spielfigur vorstellen, wie das nächste Kind wiederum das „Foto speichert" und schließlich mit anderen teilt.
Auf diese Weise geht's immer weiter, bis alle Spielfiguren durch einen roten Pfeil miteinander verbunden sind und sozusagen die Online-Kommunikation bildhaft dargestellt wurde.
Ziel ist es, den Kindern die schnelle Verbreitung von online veröffentlichten Inhalten bewusst zu machen. In diesem Zusammenhang sollten Sie die Kinder auch darauf hinweisen, dass bloßstellende Fotos, beleidigende Kommentare und dergleichen beliebig gespeichert, vervielfältigt und geteilt werden können und schon allein deswegen keinesfalls zu tolerieren sind.

Variante für 3. und 4. Klasse:
Die Kinder verteilen sich auf einem überschaubaren Spielfeld. Eines von ihnen holt sich einen roten Wollknäuel.
Es tut so, als ob es z. B. ein böses Schreiben über ein Kind verfassen und schließlich per Mail an ein anderes Kind versenden würde. Dabei hält es das Fadenende fest und wirft den Wollknäuel einem anderen Kind zu, das wiederum so tut, als ob es das Schreiben per Mail an ein anderes Kind weiterleiten würde. Dabei hält es ebenfalls ein Stück des Fadens fest, bevor es den Wollknäuel einem neuen Kind zuwirft.

Auf diese Weise geht's immer weiter, bis alle ein Stück Faden in den Händen halten und sehen, wie ein Schreiben über ein Kind, in dem es z. B. beleidigt und bedroht wird, per Mail schnell weitergeleitet werden kann.

Beleidigende und verletzende Nachrichten, unvorteilhafte Momentaufnahmen bis hin zu Shitstorms können heutzutage schnell und unkompliziert unter Zuhilfenahme von Internet- und Mobiltelefondiensten versendet und weitergeleitet werden. Ein einfaches Schaubild, das die Kinder anfertigen, soll ihnen das ein Stück weit verdeutlichen.

Auf der Spur von Cybermobbing

Zielgruppe: 1. und 2. Klasse

Material: 1 Arbeitsblatt, s. S. 113; evtl. für jedes Kind 1 Arbeitsblatt und 1 Stift

Zeitaufwand: 15–20 Minuten

Spielverlauf:

Was ist Cybermobbing? Und was ist vielleicht nur ein Scherz?

Immer wenn Sie einen Satz auf dem Arbeitsblatt vorgelesen haben, sollen die Kinder entscheiden, ob das Cybermobbing ist oder nicht. Sollten Sie jedoch der Meinung sein, dass es sich um eine Form von Cybermobbing handelt, stehen sie auf und strecken ihren Arm weit nach vorne aus. Dabei zeigen sie sich gegenseitig ihre Handflächen, die ein eindeutiges Stoppsignal darstellen. Sollten jedoch die Kinder unterschiedlicher Meinung sein, dann versteht es sich von selbst, dass Sie mit den Kindern darüber diskutieren, was genau Sache ist.

Variante für 3. und 4. Klasse:

Jedes Kind erhält ein auf DIN A4 vergrößerte Kopie des Arbeitsblatts und einen Stift.

Danach bilden alle einen Stuhlkreis. Die Kinder dürfen der Reihe nach im Uhrzeigersinn jeweils einen Satz vorlesen und sagen, ob das Cybermobbing ist oder nicht. Falls nicht alle Kinder die richtige Antwort parat haben, findet ein Gesprächsaustausch statt, bevor es mit dem Vorlesen weitergehen kann.

Lösungen:

Nr. 1
Nr. 4
Nr. 6
Nr. 8
Nr. 10

Auf der Spur von Cybermobbing (Arbeitsblatt)

Ist das Cybermobbing oder ein Scherz oder einfach nur ein normaler Streit? Kreuze die Beispiele an, die Deiner Meinung nach auf Cybermobbing hinweisen.

1.___ Ein Kind fotografiert ein anderes heimlich und lädt das Foto über eine Webseite hoch und schreibt in die Kommentarliste abfälligen Bemerkungen über das Kind.

2.____ Ein Kind fotografiert ein anderes und darf mit dessen Zustimmung und der Zustimmung seiner Eltern das Foto über eine Webseite hochladen. Miteinander schreiben sie lustige Kommentare dazu.

3.____ Ein Kind hat sich über ein anderes geärgert und schreibt seiner Freundin über den Vorfall per Mail.

4.____ Ein Kind hat sich über ein anderes geärgert und sendet Hasskommentare per Mail an all seine Freunde, die das teilen und auch öffentlich in sozialen Netzwerken verbreiten.

5.____ Ein Kind macht ein Geburtstagsvideo, auf dem ein anderes in einer lustigen Pose zu sehen ist. Es schreibt einen Witz dazu und schickt es an das betroffene Kind per Mail, das sich köstlich darüber amüsiert.

6.____ Ein Kind macht ein Geburtstagsvideo, auf dem ein anderes Kind in einer unvorteilhaften Pose zu sehen ist. Es macht sich lustig über das Kind und lädt das Video öffentlich in verschiedenen sozialen Netzwerken hoch.

7.____ Ein Kind schreibt einem anderen über den Messenger, dass es sich über ihn geärgert hat.

8.____ Ein Kind beschimpft ein anderes über den Messenger und lässt auch andere daran teilhaben, indem es die Nachricht einfach weiterleitet.

9.____ Ein Kind ruft ein anderes an und droht, ihm die Freundschaft zu kündigen, weil sie einen heftigen Streit haben.

10.____ Ein Kind ruft ein anderes immer wieder mit verstellter Stimme an, um es zu bedrohen, weil es das Kind absolut nicht mehr leiden kann.

Soziale Netzwerke

Sozialform: 1. und 2. Klasse

Material: –

Zeitaufwand: 3–5 Minuten

Spielverlauf:
Eine Kleingruppe steht zusammen im Kreis.
Auf Ihr Kommando hin dürfen die Kinder ihre Unterarme vor ihrem Oberkörper überkreuzen und sich gegenseitig die Hände geben.
Machen Sie den Kindern bewusst, dass auch viele soziale Medien gibt, die das Ziel haben, Menschen aus aller Welt digital miteinander zu verbinden. Schnelles Internet und leistungsstarke Mobilfunkdienste ermöglichen es uns, dass z. B. nicht nur Nachrichten, Bilder und Videos von A nach B versendet werden können, sondern auch alles was unter der Kategorie „Cybermobbing" zusammengefasst wird. Welche Inhalte können also rasant öffentlich gemacht werden? Die Kinder dürfen nacheinander links im Kreis herum jeweils eine Antwort geben, wie z. B. Drohungen, Beleidigungen und Beschimpfungen.

Variante für 3. und 4. Klasse:
Die Kinder bilden mehrere Kleingruppen, die zusammen im Kreis stehen.
Auf Ihr Kommando hin vernetzen die Kinder sich miteinander so wie im vorherigen Spiel beschrieben. Sobald jedoch eine Gruppe das Ziel erreicht hat, setzt sie sich rasch auf den Boden hin.
Sobald alle Kinder auf den Boden sitzen, sollten Sie den Kindern an dieser Stelle bewusst machen, dass Nachrichten, je nachdem, wie schnell sie gelesen und weitergeleitet werden, sich unterschiedlich schnell verbreiten können, sodass auch Cybermobbing nicht immer sofort von jedem User erkannt werden kann.

Mithilfe dieser Praxisidee soll den Kindern vor Augen geführt werden, wie schnell sie miteinander im Kreis Kontakt aufnehmen und sich sozusagen miteinander verbinden können. So ähnlich können sich auch durch einen Mausklick in Blogs, Foren und Chats unter anderem Hasskommentare, Lügen, gemeine Fotos und Videos rasant schnell verbreiten.
Selbst wenn Grundschulkinder in der Regel noch nicht überall im Netz aktiv sind, ist letztendlich Wissen darüber Macht.

Schütze deine Privatsphäre

Sozialform: 1. und 2. Klasse

Material: 1 Tablet oder Computer

Zeitaufwand: 15–20 Minuten

Spielverlauf:
Die Kinder bilden einen Stuhlkreis, in dessen Mitte Sie auf einem Tisch ein Tablet oder einen Computer stellen. Einen Stuhl stellen Sie ebenfalls dazu.
Miteinander sollen sie sich überlegen, wie sie ihre Privatsphäre im Netz schützen können. Geben Sie den Kindern ein bis zwei Beispiele, indem Sie z. B. sagen:

„Ich behalten meine Zugangsdaten und benutze ein sicheres Passwort mit mindestens acht Zeichen, bestehend aus Groß- und Kleinbuchstaben, Zahlen und Sonderzeichen!“

oder

„Ich gebe private Fotos, die mich z. B. im Bikini im Schwimmbad zeigen, nicht aus der Hand!“

Rufen Sie ein Kind auf, das sich dazu äußern möchte. Es setzt sich auf den Stuhl in der Kreismitte, schaut auf das Gerät und sagt z. B.:

„Ich sperre die, die mich belästigen und antworte ihnen nicht!“

Danach tauscht das Kind seinen Platz mit einem anderen, das nun z. B. sagt:

„Ich wähle genau aus, wem ich meine E-Mail- Adresse und Rufnummer gebe!“

Variante für 3. und 4. Klasse:
Die Kinder stellen oder setzen sich der Reihe nach an den Tisch in der Kreismitte und wiederholen dabei das, was die Kinder zuvor gesagt haben, bevor sie eine neue Idee preisgeben.

Zeigen Sie den Kindern, wie sie ihre Privatsphäre im Netz schützen können. Weisen Sie die Kinder auch auf die Möglichkeit der Privatsphären-Einstellung in sozialen Netzwerken und Messengern hin, sodass sie Fremde nicht kontaktieren und ihre Inhalte, Fotos, Videos und dergleichen öffentlich sehen können. Und teilen Sie den Kindern vor allem mit, dass sie nicht alles im Netz über sich preisgeben und zeigen sollten. Die Kinder sollten auch wissen, dass sie prinzipiell vorher ihre Eltern um Erlaubnis fragen müssen. Je besser die Kinder geschützt sind, desto weniger hat Mobbing per Klick eine Chance.

Antworte nicht

Sozialform: 1. und 2. Klasse

Material: –

Zeitaufwand: 3–5 Minuten

Spielverlauf:

Machen Sie den Kindern bewusst, wie wichtig es ist, auf eine Nachricht, die sie ärgert und wütend macht, nicht sofort zu reagieren. Denn schreibt man zurück, „stachelt“ das zusätzlich an, sodass relativ schnell eine Konfliktspirale im Netz zustande kommen kann. Vielmehr sollten sie lernen, sich an eine Vertrauensperson zu wenden und darüber zu reden.

Wissen die Kinder Bescheid, bilden sie Paare, die auf Ihre Anweisung hin jeweils eine „No contact“ Szene in Bezug auf den Absender und Empfänger darstellen dürfen. Die einzelnen Paare treten vor die Klasse und stellen die Kontaktsperre dar, indem sie sich z. B. auf ihre Stühle setzen, voreinander die Arme ausstrecken und sich gegenseitig die Handflächen zeigen oder in entgegengesetzten Richtungen gehen.

Ziel ist es, den Kinder klarzumachen, dass man sich bei einer Kontaktsperre absolut aus dem Weg geht und somit auch sämtliche Möglichkeiten zur Kontaktaufnahme im Netz blockiert und somit sperrt.

Variante für 3. und 4. Klasse:

Im Gegensatz zu der vorherigen Praxisidee sollen die einzelnen Paare selbstständig überlegen, wie eine Kontaktsperre dargestellt und letztendlich den übrigen Kindern in der Klasse plausibel gemacht werden kann.

Es ist wichtig, dass die Kinder ihre Rechte kennen und wissen, was nicht erlaubt ist. Anstelle auf Nachrichten, die sie belästigen zu reagieren, sollten sie lernen die Beweise zu sichern, den Absender mit Nichtachtung zu strafen und sich die entsprechende Hilfe zu holen. Dabei können die Kinder auch die bundesweite einheitliche Nummer gegen Kummer nutzen. Die Rufnummer lautet 0800 111 0333. Zusätzlich wird das Beratungsangebot auch als Child-Helpline über die EU-Rufnummer 116 111 angeboten.

Du bist nicht allein!

Spiele und andere Angebote zum Vertrauen fassen, Probleme ansprechen und Lösungen finden

Für das betroffene Kind ist es nicht einfach, den Teufelskreis des täglichen Terrors in der Schule zu durchbrechen. Das ist nicht verwunderlich, denn es steht meist ganz alleine mehreren Kindern nicht nur in der Klasse, sondern unter anderem auch auf dem Schulhof oder -weg gegenüber, die auf es einen großen Druck ausüben. Das Kräfteungleichgewicht löst in der Regel eine enorme Angst und eine große Sprachlosigkeit bei dem betroffenen Kind aus, sodass es immer mehr erdulden und ertragen muss. Es ist deshalb überaus wichtig, dass Kinder von klein auf ein gutes Selbstbewusstsein entwickeln, um sich gegen Mobbing und Gewalt zur Wehr setzen zu können. Die Kinder müssen jedoch auch wissen, dass sie ihre Probleme nicht alleine zu meistern brauchen, sondern sich jederzeit einer Bezugsperson anvertrauen können, um über die Geschehnisse zu sprechen und gute Lösungsmöglichkeiten zu finden.

In diesem Kapitel üben die Kinder, ihrer inneren Stimme zu vertrauen und zu agieren, wenn sie spüren, dass etwas ihrer Meinung nach nicht in Ordnung ist. Mithilfe von Vertrauens- und Wahrnehmungsspielen lernen sie ihr Selbstwertgefühl zu steigern und dabei Vertrauen in ihre Fähigkeiten zu fassen, sodass sie im Fall der Fälle handeln und sich Hilfe holen. Indem die Kinder spielerisch üben nicht alles hinnehmen, werden sie viel leichter Konflikte ansprechen und miteinander Lösungsmöglichkeiten finden können. Auf diese Weise wird Mobbing und Gewalt in der Klasse und in der Schule kaum eine Chance haben.

Die Mauer im Kopf muss weg, damit das betroffene Kind sein Schweigen brechen und keine Angst mehr zu haben braucht. Deshalb ist es auch wichtig, dass Kinder, die gezielte Attacken gegen ein Kind beobachten, nicht wegschauen, sondern dem betroffenen Kind hilfreich zur Seite stehen.

Ich bin nicht schuld daran!

Zielgruppe: 1. und 2. Klasse

Material: –

Zeitaufwand: für jedes Kind eine Handvoll Knetmasse, 1 kleine Schale

Spielverlauf:
Jedes Kind holt sich eine kleine Schale und eine Handvoll Knetmasse.
Zunächst sollten die Kinder Folgendes wissen: Kinder, die andere mobben, haben oftmals kein Unrechtsbewusstsein. Sie spielen ihre gezielten Attacken herunter und geben dem betroffenen Kind dafür selbst die Schuld. An dieser Stelle sollten Sie den Kindern auch sagen, dass sie niemals schuld dran sind, wenn andere sie beleidigen, bedrohen, schlagen oder dergleichen. Rufen Sie nun ein beliebiges Kind auf, das ein kleines Stück von seiner Knetmasse abreißen und in seine Schale legen darf. Dabei kann es Folgendes sagen:

„Ich bin nicht schuld daran, wenn mich andere hänseln!"

Die Klasse wiederholt den Satz und tut es dem Kind gleich. Danach ruft es ein weiteres Kind auf, das ein weiteres Stück von seiner Knetmasse abreißt und auf die gleiche Weise z. B. sagt:

„Ich habe es nicht verdient, von anderen bedroht zu werden!"

Die Klasse wiederholt dann alles, was das Kind getan und gesagt hat. Auf diese Weise geht's immer weiter, bis die Knetmasse in kleinen Stücken vor jedem Kind in der Schüssel liegt.

Ziel ist es, dass die Kinder die verschiedenen Formen von Mobbing und Gewalt wahrnehmen und verstehen, dass sie niemals selbst daran schuld sind.

Variante für 3. und 4. Klasse:
Die Kinder sitzen zusammen im Stuhlkreis. Eines von den Kindern holt sich eine Handvoll Knetmasse, reißt ein kleines Stück ab und formuliert so wie oben beschrieben einen Satz. Es behält das kleine Stück und gibt den Rest demjenigen Kind, das links neben ihm auf der Kreisbahn sitzt. Es reißt ebenfalls ein Stück ab

und wiederholt sinngemäß das Gesagte, bevor es ein weiteres Stück abreißt und einen neuen Satz formuliert usw.

Die Knetmasse, die am Schluss in kleinen Stücken in der Schüssel liegt, soll veranschaulichen, wie viele Sachen unter dem Begriff „Mobbing und Gewalt" zusammengefasst werden können. Spielerisch sollen Kinder lernen, dass jeder für sein Handeln selbst verantwortlich ist. Folglich sind sie auch nicht selbst schuld daran, wenn sie von anderen schikaniert und gemobbt werden.

Du bist nicht allein

Zielgruppe: 1. und 2. Klasse

Material: 1 Schminkstift

Zeitaufwand: 3 - 5 Minuten

Spielverlauf:

Zu Beginn malen alle Kinder auf den linken Daumen ein fröhliches und auf den rechten ein trauriges Gesicht mit herunterhängenden Mundwinkeln.

Der Erste sagt: „Wie wird das wohl für dich sein?"
– *Passend zum Text abwechselnd den linken und rechten ...*
Der Zweite sagt: „Ich fühle mich so allein!"
– *Daumen bewegen.*
Der Erste sagt: „Ich kann dich gut verstehen!"
Der Zweite sagt: „Es wird schon irgendwie gehen!"
Der Erste sagt: „Wach endlich auf und sage „Nein!".
Der Zweite sagt: „Stimmt! Das kann so nicht sein!"
Der Erste sagt: „Ich lasse dich so nicht allein!"
Der Zweite sagt: „Danke! So sollte das auch sein!"

Variante für 3. und 4. Klasse:

Suchen Sie sich zwei kleine Schauspieler*innen, die gerne das o. g. Fingerspiel in Form eines Rollenspiels durchführen wollen.
Zu Beginn kann eines von beiden zusammengekauert in einer Ecke sitzen und das andere auf es zukommen. Danach dürfen beiden den o. g. Text in verteilten Rollen sprechen und passend dazu ihre Körpersprache, Mimik und Gestik einsetzen.
Ziel ist es, dass das erste dem zweiten Kind unmissverständlich zu verstehen gibt, dass es so nicht weitergehen kann und dringend etwas an der Situation geändert werden muss,

Viele von Mobbing betroffene Kinder würden sich wahrscheinlich gerne in einer Ecke verkriechen, damit sie den gezielten Attacken der anderen entgehen können. Wie wichtig es jedoch ist, kein Kind in einer solchen Situation alleine zu lassen, können die Kinder hier nun anhand eines einfachen Rollenspiels erleben und verinnerlichen.

Mein Bauchgefühl

Zielgruppe: 1. und 2. Klasse

Material: evtl. für jedes Kind 1 Arbeitsblatt, s. S. 127 und 1 Stift

Zeitaufwand: 5–10 Minuten

Spielverlauf:
Die Kinder sitzen zusammen im Stuhlkreis und überlegen, welche Wörter, die Sie nun benennen, sich ihrer Meinung nach schlecht anfühlen. Beispiele hierfür sind: Bedrohen, beleidigen und schlagen. Zwischendurch können Sie jedoch auch Wörter, benennen, die sich gut anfühlen, wie z. B. umarmen, helfen und trösten. Sobald Sie jedoch etwas sagen, das auf Mobbing und Gewalt hindeutet, halten die Kinder die linke Hand an ihren Bauch. Den rechten Arm strecken sie in Richtung Innenkreis und zeigen sich dabei gegenseitig die Handfläche. Währenddessen sagen sie laut:

„Mein Bauchgefühl sagt Stopp!"

Ziel ist es, das die Kinder ihren Gefühlen vertrauen und nichts schönreden, was nicht zu verharmlosen ist.

Variante für 3. und 4. Klasse:
Im Gegensatz zu dem vorherigen Spiel dürfen die Kinder der Reihe nach links im Kreis herum jeweils etwas Positives oder Negatives benennen, nachdem Sie zwei bis drei Wörter als Orientierungshilfe vorgegeben haben.
Im Anschluss daran erhalten die Kinder jeweils eine auf DIN A4 vergrößerte Kopie des Arbeitsblatts, bei dem sie die Fragen beantworten dürfen. Dabei können sie sich vor ihren Stühlen hinknien und den Stuhl als Tisch verwenden.
Am Ende setzen sich alle Kinder wieder in den Stuhlkreis und lesen ihre Antworten der Reihe nach links im Kreis herum vor. Dabei werden sie mit großer Sicherheit auch viele Übereinstimmungen entdecken.

Mögliche Antworten zu der Frage
1. beschimpft, hänselt, schlägt, ...
2. aufrecht stehen, Arme vor der Brust verschränken und den Kopf schütteln, „Stopp" laut und deutlich sagen, ...

Mein Bauchgefühl (Arbeitsblatt)

Bitte lese Dir die folgenden Fragen in aller Ruhe durch. Bei jeder Frage findest Du ein bis zwei Beispiele für eine mögliche Antwort.

1. **Welche Verhaltensweisen verursachen bei dir ein schlechtes Bauchgefühl?**

Antworten: Wenn mich jemand bedroht, beleidigt, ...

2. **Wie zeigst du, dass Du etwas nicht möchtest? Denke dabei auch an Deine Körpersprache, Mimik und Gestik.**

Antworten: Laut und deutlich „Nein!" sagen, ...

Du musst nicht leiden

Zielgruppe: 1. und 2. Klasse

Material: evtl. 1 kleiner Stein

Zeitaufwand: 3 Minuten

Spielverlauf:

Der Erste sagt: „Ich musst nicht leiden!"
– *Ausgehend vom Daumen der Reihe nach …*
Der Zweite sagt „Ich musst niemanden meiden!"
– *alle fünf Finger ausstrecken.*
Der Dritte sagt: „Ich kann Dir alles sagen!"
Der Vierte sagt: „Ich kann nach Hilfe fragen!"
Der Fünfte sagt: „Wir sind alle füreinander da!
Herzlichen Dank! Hurra!"
– *Am Ende vor Freude den Daumen hochheben.*

Variante für 3. und 4. Klasse:

Die Kinder setzen sich zusammen im Kreis auf den Boden. Eines von ihnen holt sich einen Stein, der schwer in der Hand liegt. Der Stein soll darstellen, wie schwer das Kind durch Mobbing leidet und diese „Last" einfach weghaben möchte. Das Kind sagt passend dazu den ersten Satz des o. g. Textes und übergibt dann den Stein demjenigen Kind, das links neben ihm im Kreis sitzt. Das betreffende Kind hält den Stein ebenfalls mit beiden Händen fest und sagt den zweiten Satz des o. g. Textes auf. Auf diese Weise geht's immer weiter, bis das fünfte Kind in der Runde „Wir sind füreinander da! Herzlichen Dank! Hurra!" sagt und den Stein schließlich beiseite legt. Daraufhin stehen alle Kinder auf und heben ihre Daumen in die Luft.

Mithilfe der Praxisidee soll den Kindern bewusst gemacht werden, dass sie nicht unter Mobbing und Gewalt leiden müssen, sondern sich jederzeit jemandem anvertrauen können, der ihnen dann hilfreich zur Seite steht.

Eine Person meines Vertrauens

Zielgruppe: 1. und 2. Klasse

Material: 1 Reifen, für jedes Kind 1 Chiffontuch; evtl. für jedes Kind 1 weißes DIN-A4-Blatt Papier und 1 Stift, Teller

Zeitaufwand: 10–15 Minuten

Spielverlauf:
Die Kinder holen sich jeweils ein Chiffontuch und bilden einen Kreis, in dessen Mitte Sie einen Gymnastikreifen platzieren.
Miteinander sollen sich die Kinder überlegen, wohin sie gehen würden, wenn sie ein Problem haben. Die Kinder dürfen nun der Reihe nach im Uhrzeigersinn antworten und dabei in Richtung Innenkreis gehen, um ihr Tücher in den Reifen zu legen.
Ziel ist es, den Kindern zu verdeutlichen, dass es einen großen Personenkreis, aber auch öffentliche Institutionen und Beratungsstellen gibt, denen man seine Probleme anvertrauen kann. Somit können das nicht nur die Erziehungsberechtigten, sondern auch Verwandte, Lehrer*innen, Schulsozialarbeiter*innen, Polizisten und Polizistinnen oder gar das Kinder- und Jugendtelefon sein, das kostenlos u. a. unter der Rufnummer 116 111 eine telefonische Beratung durchführt und auch auf der Homepage der Bundesregierung zu finden ist.

Variante für 3. und 4. Klasse:
Jedes Kind holt sich einen Teller und ein Blatt Papier, auf dem es dann den Tellerumriss zeichnet. In den Kreis sollen sie verschiedene Personen und Anlaufstellen aufschreiben, an die sie sich wenden können, falls sie ein Problem haben sollten. Im Anschluss daran bilden die Kinder einen Stuhlkreis und lesen der Reihe nach im Uhrzeigersinn das vor, was sie aufgeschrieben haben. Dabei können sie auch die Ideen der anderen aufgreifen und in ihrem Kreis dazuschreiben.

Indem die Kinder der Reihe nach ihre Tücher in den Reifen legen, soll ihnen vor Augen geführt werden, dass es eine große Anzahl an Möglichkeiten gibt, um sich Rat und Hilfe zu holen. Spielerisch wird ihnen so bewusst gemacht, dass sie nicht alles alleine in ihrem Leben meistern müssen.

Wir helfen uns

Zielgruppe: 1. und 2. Klasse

Material: für jedes zweite Kind 1 Papiertaschentuch, 1 Handtrommel; evtl. 4 Markierungskegel

Zeitaufwand: 5–10 Minuten

Spielverlauf:
Die Kinder verteilen sich auf einem überschaubaren Spielfeld, das sie mithilfe von vier Markierungskegeln kennzeichnen können. Alle übrigen Kinder holen sich jeweils ein Papiertaschentuch.
Zum Rhythmus des Trommelspiels, das durch Sie erfolgt, geht die Hälfte der Kinder auf dem Spielfeld herum. Die übrigen Kinder knien sich auf den Boden hin und tun so, als ob sie im wahrsten Sinne des Wortes niedergeschlagen sein würden. Sobald jedoch das Trommelspiel verstummt, suchen die Spaziergänger*innen jeweils ein Kind auf, das traurig auf dem Boden kniet und dem sie dann ihr Taschentuch reichen.
Ziel ist es, dass die Kinder üben, ihren Blick zu schärfen und füreinander da zu sein. Auf diese Weise wird ohne viel Zutun das Klassenklima positiv beeinflusst, sodass Mobbing und Gewalt keinen Nährboden erhalten.

Variante für 3. und 4. Klasse:
Im Gegensatz zu dem o. g. Spiel verteilen sich alle Kinder auf dem Spielfeld und schließen ihre Augen. Tippen Sie nun zwei bis sechs Kindern auf die Schulter, die sich jedoch nicht zu erkennen geben dürfen.
Sobald das Trommelspiel durch Sie erfolgt, gehen alle Kinder gemeinsam auf dem Spielfeld herum. Dabei zeigen die ausgewählten Kinder, wie schlecht es ihnen gerade geht. Sie können z. B. ihren Kopf senken, ihre Schultern hängen lassen, einen traurigen Gesichtsausdruck machen und ihre Arme vor dem Oberkörper verschränken. Das geht so lange, bis Sie zu trommeln aufhören und alle sofort stehen bleiben. Wie viele Kinder sind niedergeschlagen und traurig gewesen? Fragen Sie bei zwei bis drei Kindern nach, die nicht davon betroffen gewesen sind. Zur Kontrolle melden sich die gesuchten Kinder per Handzeichen.

Mobbing zeichnet sich durch eine mangelnde Empathie aus. Wenn Sie also möchten, dass die Kinder Empathie entwickeln, sollten Sie mit Ihrer Klasse so oft wie möglich Wahrnehmungsspiele und andere Angebote durchführen, bei denen das Einfühlungsvermögen und soziale Miteinander im Vordergrund stehen.

Gemeinsam statt einsam

Zielgruppe: 1. und 2. Klasse

Material: –

Zeitaufwand: 2–3 Minuten; evtl. 10–15 Minuten

Spielverlauf:
Die Kinder bilden mit Ausnahme von einem einen Kreis. Das einzelne Kind steht außerhalb vom Kreis und macht einen traurigen Gesichtsausdruck. Es senkt dabei auch den Kopf und lässt die Schultern hängen. Während Sie nun den unten genannten Text vorsprechen, machen die Kinder Folgendes:

Gemeinsam geht's gut.
Komm' hab etwas Mut.
– *Sich gegenseitig im Kreis umarmen und schließlich das einzelne Kind herbeiwinken.*
Mobbing kann nicht sein.
Wir lassen dich nicht allein.
– *Das Kind wird von den anderen aufgenommen.*
Gemeinsam stehen wir hier!
Ganz viele sind nun wir!
– *Alle umarmen sich gegenseitig im Kreis. Am Schluss heben alle den Daumen hoch.*

Variante für 3. und 4. Klasse:
Schreiben Sie den Text auf die Tafel und bitten Sie die Kinder, Kleingruppen zu bilden, die den Text als Vorlage für ein Rollenspiel verwenden dürfen.
Die Kleingruppen stellen der Reihe nach ihr Rollenspiel vor. Dabei darf immer einer aus jeder Kleingruppe den Text vorlesen.

Indem die Kinder einen Kreis bilden und sich gegenseitig umarmen, demonstrieren sie ihre Verbundenheit zueinander. Indem jedes Kind dazugehört und von den anderen nicht ausgeschlossen wird, kann Mobbing erst gar nicht aufkommen.

Ich baue auf dich

Zielgruppe: 1. und 2 Klasse

Material: jede Menge Bauklötze

Zeitaufwand: 5–10 Minuten

Spielverlauf:
Die Kinder bilden einen Kreis, in dessen Mitte Sie ein paar Bauklötze kreisförmig anordnen und weitere griffbereit auf den Boden legen.
Miteinander sollen die Kinder überlegen, wem sie sich anvertrauen können, falls sie Probleme, Sorgen und Nöten haben. Eines der Kinder, das sich per Handzeichen meldet und Sie dann aufrufen, beginnt, indem es eine oder mehrere Personen seines Vertrauens aufzählt, die auch eine minderjährige Person sein kann. Für jede Person legt es dann einen Bauklotz auf den vorgegebenen Kreis. Auf diese Weise soll verdeutlicht werden, auf wen das Kind seiner Meinung nach in seinem direkten Umfeld bauen und sich somit in jeder Lebenslage verlassen kann. Danach setzt sich das Kind wieder auf seinen Platz und bittet ein anderes Kind, genauso das Bauwerk fortzusetzen, das von Kind zu Kind allmählich zu einem beachtlich großen Turm heranwächst.

Variante für 3. und 4. Klasse:
Im Gegensatz zu dem oben genannten Spiel sollen die Kinder sich nur eine Person überlegen, der sie sich anvertrauen können. Danach darf eines der Kinder die Person benennen und einen Bauklotz auf den Kreis setzen.
Anschließend tauscht es den Platz mit einem anderen Kind, das das vorher Gesagte wiederholt und eine weitere Person benennt. Dementsprechend darf es zwei Bauklötze auf den Kreis setzen. Anschließend tauscht es den Platz mit einem weiteren Kind, das nun die zwei zuvor genannten Personen noch einmal benennt und eine weitere Person hinzufügt. Passend dazu legt es dann drei Bauklötze auf den Kreis.
Auf diese Weise geht's immer weiter, bis alle Kinder an der Reihe gewesen sind.

Mithilfe von Bauklötzen sollen sich die Kinder auf verspielte Weise möglichst viele Personen ins Gedächtnis rufen, auf die sie im wahrsten Sinne des Wortes bauen können, falls sie Probleme haben oder in einer akuten Notlage sein sollten.

Du kannst mir vertrauen

Zielgruppe: 1. und 2. Klasse

Material: evt. für jedes zweite Kind 1 Augenbinde, 4 Markierungskegel

Zeitaufwand: 3–5 Minuten

Spielverlauf:

Das folgenden Vertrauensspiel, das zu zweit durchgeführt wird, bietet sich hervorragend auf einem steinigen Weg an.
Das erste Kind stellt sich ein paar Meter direkt gegenüber dem anderen auf und schließt dabei die Augen. Die Aufgabe des „blinden" Kindes besteht darin, Schritt für Schritt auf das zweite Kind so lange zuzugehen, bis sich beide in die Arme schließen können. Danach darf das Kind seine Augen öffnen. Miteinander dürfen nun alle Kinder, die mit geschlossenen Augen auf dem steinigen Weg bis zum Ziel gegangen sind, folgende Fragen beantworten: „Wie beschwerlich ist der Weg bis zum Partnerkind gewesen?", „Wie schnell konnte man gehen?", „Hat sich der Weg trotz der Stolpersteine gelohnt?".
Ziel ist es, den Kindern bewusst zu machen, das es auch für ein Kind, das von anderen gemobbt wird, nicht so einfach ist, sich auf den Weg zu machen, um Hilfe zu holen. Dennoch lohnt es sich, trotz möglicher Ängste und Bedenken, weiterzugehen und nicht in der Isolation zu verharren.

Variante für 3. und 4. Klasse:

Die Kinder bilden Paare und verteilten sich auf einem Spielfeld, das Sie mithilfe von vier Markierungskegeln kennzeichnen können.
Während nun eines von beiden sich die Augen verbindet und einmal um die eigene Achse dreht, sucht sich das andere Kind einen Platz auf dem Spielfeld aus. Auf Ihr Kommando dürfen die blinden Kinder losgehen und ihre Partnerkinder suchen, die auf ihren Plätzen verharren. Welches Paar umarmt sich besonders schnell?
Unabhängig davon dürfen die Kinder am Schluss die oben genannten Fragen klären.

Es ist nicht immer so einfach, sich auf den Weg zu machen und trotz möglicher Hindernisse darauf zu vertrauen, dass alles gut werden kann. Mithilfe dieses Vertrauensspiels sollen die Kinder lernen, dass man vieles schaffen kann, wenn man an sich glaubt und weiß, wo man Hilfe erwarten kann.

Du denkst du bist allein?

Sozialform: 1. und 2. Klasse

Material: 2–3 Ocean-Drums, für alle übrigen Kinder jeweils 1 Rhythmusinstrument

Zeitaufwand: 5–10 Minuten

Spielverlauf:
Bevor Sie die Klanggeschichte vorlesen, teilen Sie die Instrumente aus, mit denen die Kinder sich dann in den Stuhlkreis setzen.

Du denkst du bist allein!
Oh nein! Oh nein! Oh nein!
– *Ocean-Drums erklingen lassen.*
Es erleben viele solche Sachen,
die sind leider nicht zum Lachen.
– *Ocean-Drums erklingen lassen.*
Mobbing ist nicht gut.
Sag laut Nein! Habe Mut.
– *Alle übrigen Instrument erklingen lassen.*
Miteinander geht's sehr gut.
So haben wir alle ganz viel Mut.
– *Am Schluss alle Instrumente erklingen lassen.*

Variante für Klasse 3 und 4:
Die Kinder setzen nicht nur die Instrumente ein, sondern machen daraus auch ein Rollenspiel, indem sie den Text lesen, den Sie auf die Tafel schreiben können. Passend dazu setzen sie auch ihre Mimik, Gestik und Körperhaltung ein.

Es ist enorm wichtig, dass Kinder wissen, dass ihnen im Ernstfall geholfen wird und dass Mobbing jedes Kind nicht nur in der Schule treffen kann. Zu alledem tut es gut, wenn die ganze Klasse zeigt, dass sie fest zusammenhält und sich gegen Mobbing in jeder Form stellt.

Klassenregeln und Maßnahmen gegen Mobbing

*Vielfältige Praxisideen, wie Schüler*innen Regeln eher einhalten und was Sie im Unterricht gegen Mobbing tun können*

Kinder sollen gerne zur Schule gehen, sich auf den Unterricht und nicht zuletzt auf ihre Klassenkamerad*innen freuen. Hierfür braucht es natürlich auch Regeln, die den Grundstein für ein gutes soziales Miteinander und ein entspanntes Lernklima sowie einen geregelten und strukturierten Schulalltag legen. Damit jedoch alle in der Klassengemeinschaft von der Wirksamkeit der gemeinsam aufgestellten Regeln profitieren, sollten die eingeführten Regeln stets präsent bleiben, wie z. B. in Form von einem Plakat mit sozialen Regeln, das für alle gut sichtbar im Klassenzimmer aufgehängt werden kann. Nicht zuletzt brauchen Kinder verschiedene Handlungskompetenzen, die ihnen helfen, Mobbing und Gewalt in jeder Form entgegenzuwirken. Besonders wichtig ist hierbei der Austausch über Beobachtungen und eine klare Absprache bei Verstößen, gegen die dann einheitlich und konsequent vorgegangen wird.
In diesem letzten Kapitel sollen die Kinder gemeinsam Regeln gegen Mobbing und Gewalt entwickeln, um eine erhöhte Akzeptanz von Regeln und entsprechenden Sanktionen in Bezug auf Verstöße zu erreichen, die natürlich auch eine Steigerung oder Veränderungen bei wiederholten Verstößen beinhalten können. Dabei darf jedoch auch die Schulordnung nicht außer Acht gelassen werden, die für alle am Schulleben Beteiligten verbindlich ist und eingehalten werden muss. Darüber hinaus werden Praxisideen vorgestellt, wie Sie Kinder aus Ihrer Klasse, die nachweislich ein Kind schikanieren und fertigmachen, mit ihrem Fehlverhalten konfrontieren, zum Umdenken motivieren und für eine mobbingfreie Schule gewinnen können.

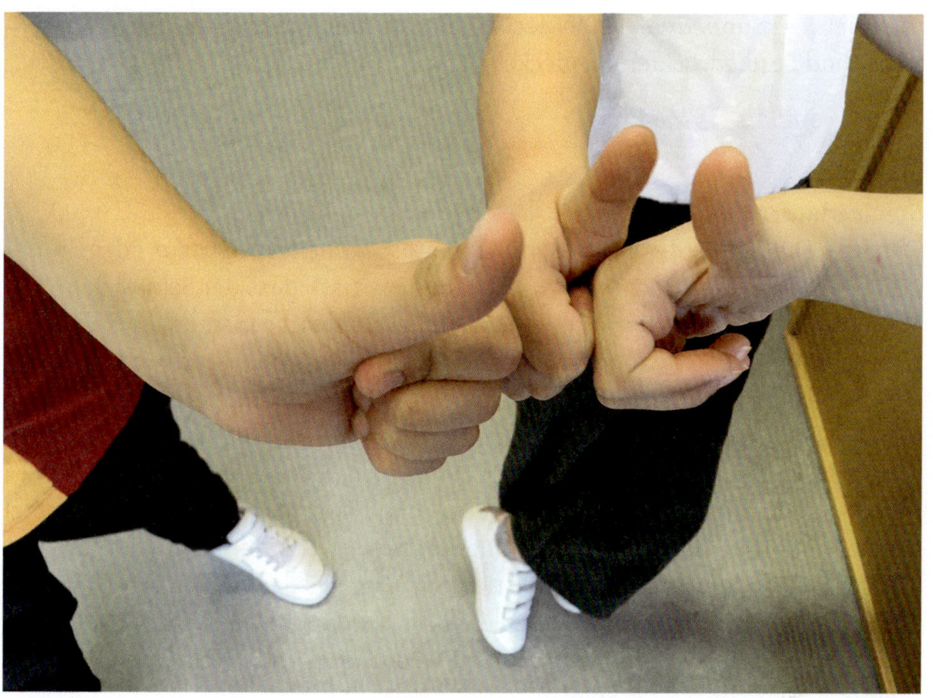

Es ist von großer Bedeutung, dass Einigkeit in Bezug auf die Klassen- und Schulregeln herrscht. Darüber hinaus ist es durchaus sinnvoll, Vereinbarungen gegen Mobbing und Gewalt zu treffen, damit Kinder ihre Konflikte friedlich regeln.

Menschenwürde

Zielgruppe: 1. und 2. Klasse

Material: 8–12 unbedruckte Bierdeckel, je 1 schwarzer und rote Stift; evtl. für jedes Kind 1 unbedruckten Bierdeckel

Zeitaufwand: 10–15 Minuten

Spielverlauf:

Der Satz „Die Würde des Menschen ist unantastbar" leitet als Artikel 1 das Grundgesetz der BRD ein. Machen Sie den Kinder bewusst, dass der Schutz der Menschenwürde ein Menschenrecht ist, das jeder für sich beanspruchen kann. Das wiederum heißt auch, das wir alle die Pflicht haben, die Würde des anderen nicht zu verletzen. Was sollten wir deshalb keinesfalls tun? Schreiben Sie auf jeden Bierdeckel das, was die Kinder Ihnen zurufen und dazu auch passt, wie z. B. bedrohen, schubsen, ...

Legen Sie nun alle Bierdeckel verdeckt auf einen Tisch. Ein beliebiges Kind setzt sich an den Tisch und dreht einen Bierdeckel um, auf dem z. B. „ausgrenzen" steht. Miteinander wiederholen alle den o. g. Satz aus dem Grundgesetz und fügen schließlich hinzu: „Das bedeutet, dass wir niemanden ausgrenzen!" Das Kind streicht auf dem Bierdeckel das Wort mit Rot durch und dreht einen weiteren Bierdeckel um, sodass das Spiel fortgesetzt werden kann.

Weitere Beispiele

Die Würde des Menschen ist unantastbar. Das bedeutet, dass wir niemanden ...

- schubsen,
- prügeln,
- bedrohen,
- bestehlen,
- zwingen können, etwas zu tun, was er nicht möchte.

Variante für 3. und 4. Klasse:

Im Gegensatz zu dem vorherigen Spiel dürfen die Kinder sich der Reihe nach an den Tisch setzen und etwas Passendes auf jeweils einen Bierdeckel schreiben. Ansonsten verläuft alles so wie oben beschrieben.

Jeder Mensch, unabhängig von irgendwelchen Merkmalen, wie z. B. Herkunft und Geschlecht, muss in seiner Würde von allen anderen Menschen geachtet werden. Spielerisch sollen die Kinder von klein auf lernen, dass sie niemanden so behandeln dürfen, als sei er nichts wert. Das bedeutet auch, dass sie andere schützen, die schlecht behandelt werden.

Jeder Mensch ist wertvoll

Zielgruppe: 1. und 2. Klasse

Material: für zwei Kinder je 1 DIN-A4-Tonpapier und ein rundes Faltpapier in einer bestimmten Farbe, 1 Stift, 1 Tanzmusik

Zeitaufwand: 10–15 Minuten

Spielverlauf

Zu Beginn schreiben Sie auf jedes Tonpapier einen Gruß, wie z. B. „Herzlich willkommen!", „Schön, dass du da bist!" oder einfach „Guten Morgen!". Auf jeden Tisch legen Sie zwei Tonpapiere in einer bestimmten Farbe. Danach bilden die Kinder einen Kreis und erhalten jeweils ein rundes Faltpapier. Machen Sie den Kindern bewusst, dass jedes Kind wertvoll und in der Klasse herzlich willkommen ist. Dabei spielt es keine Rolle, aus welchem Land sie stammen, welche Religion sie haben, ob sie Mädchen oder Jungen sind, eine Behinderung oder irgendwelche besondere Fähigkeiten haben.
Zum Rhythmus der Musik dürfen sich alle Kinder kreuz und quer im Klassenzimmer bewegen. Begegnen sich zwei Kinder, tauschen sie miteinander ihre Faltpapiere aus. Das geht so lange, bis die Musik stoppt. Die Kinder suchen sich nun passend zu der Farbe ihrer Faltpapiere ein gleichfarbiges beschriftetes Tonpapier aus. Sobald jedoch zwei Kinder beisammen sitzen, dürfen sie sich gegenseitig begrüßen und fragen, wie es ihnen gerade geht, was sie heute morgen gemacht haben und was sie vielleicht heute noch alles erledigen wollen.
Ziel ist es, dass die Kinder vor dem Unterricht noch etwas Zeit haben, sich besser kennenzulernen, indem sie füreinander Interesse zeigen, miteinander ins Gespräch kommen und sich dabei vor allem auch wertschätzend und respektvoll behandeln.

Variante für 3. und 4. Klasse:

Im Gegensatz zu dem vorherigen Spiel, sollen die Kinder am Tisch sich nicht nur gegenseitig begrüßen, sondern auch herausfinden, ob sie gemeinsame Interessen haben. Das kann eine Sportart, eine hauswirtschaftliche Tätigkeit oder einfach eine bestimmte Musikrichtung sein.
Ziel ist es, möglichst viele Gemeinsamkeiten zu finden, die sie miteinander verbinden und die sie vielleicht beim Gegenüber nicht vermutet haben. Auf diese Weise wird das Interesse füreinander geweckt und vielleicht auch, falls noch nicht geschehen, die eine oder andere enge Freundschaft gebildet.

Im Klassenzimmer ankommen, soziale Kontakte knüpfen und miteinander ins Gespräch kommen, trägt zu einem guten sozialen Klima bei und sorgt dafür, dass alle locker und entspannt in den neuen Tag starten und sich von Anfang an in der Klasse wohl und dazugehörig fühlen.

Du gehörst zu uns

Zielgruppe: 1. und 2. Klasse

Material: evtl. für jede Kleingruppe 1 Arbeitsblatt, s. S. 149 und 1 Stift

Zeitaufwand: 10–15 Minuten

Spielverlauf:
Die Kinder stehen zusammen mit Ihnen im Kreis.
Zu Beginn wenden Sie sich demjenigen Kind zu, das links neben Ihnen auf der Kreisbahn steht. Halten Sie freundlich Blickkontakt zu dem Kind, das Sie dann mit beiden Händen abklatschen. Dabei sagen Sie laut:

„Du gehörst zu uns!"

Das betreffende Kind wiederum wendet sich seinem linken Nachbarkind zu, um es Ihnen gleichzutun.
So geht's immer weiter bis Sie wieder an der Reihe sind.

Variante für 3. und 4. Klasse:
Die Kinder sollen, nachdem sie das vorherige Spiel durchgeführt haben, Kleingruppen bilden. Jede Kleingruppe erhält von Ihnen ein auf DIN A4 vergrößertes Arbeitsblatt und einen Stift.
Danach kommen sie wieder im Kreis zusammen und probieren der Reihe nach die einzelnen Spiele aus, die sich die Kleingruppen ausgedacht haben. Nach jedem Spiel entscheiden sie, ob es sich tatsächlich um ein kooperatives Spiel gehandelt hat oder nicht.
Ziel ist es, dass die Kinder lernen, als Team aufzutreten und dabei während des Spielverlaufs miteinander und nicht gegeneinander spielen.

Mögliche Antworten zu der Frage:
1. Alle sind füreinander da, alle verfolgen ein Ziel, jeder setzt seine Stärken ein, ...
2. Wenn die Akteur*innen und das betroffene Kind sich z. B. durch Größe und Stärke, Beliebtheit und Intelligenz massiv voneinander unterscheiden
3. Mein rechter Platz ist leer, Bello dein Knochen ist weg, ...

Du gehörst zu uns (Arbeitsblatt)

Es gibt viele Spiele ohne Sieger und Verlierer, bei denen Du nicht gegen ein Kind oder mehrere Kinder spielst. Anstelle einen einzigen Sieger zu ermitteln, dürft ihr dann gemeinsam ein Ziel verfolgen.

1. Schreibe auf, was ein Team so einzigartig macht. Eine Antwort steht bereits unten, die du nun durch weitere Antworten ergänzen darfst.

Antworten:
Niemand wird ausgeschlossen,

2. Ein typisches Merkmal von Mobbing ist das Kräfteungleichgewicht. Was kann damit gemeint sein? Ergänze die Antwort mit deinen Worten.

Antworten:
Alle gegen einen,

3. Altbekannte Spiele, wie „Stille Post", „Topf schlagen" und „Flaschen drehen" sind kooperative Spiele. Kennst Du auch ein Spiel ohne Sieger und Verlierer?

Antwort:

Gegen Mobbing – Hand drauf!

Zielgruppe: 1. und 2. Klasse

Material: 1 schwarzes DIN-A2-Tonpapier, 1 weißer Wachsmalstift, Reißnägel oder doppelseitiges Klebeband

Zeitaufwand: 10–15 Minuten

Spielverlauf:
Ein beliebiges Kind legt seine Hand rechts unten auf ein schwarzes Tonpapier und zeichnet seinen Handumriss ab. Auf die Mitte des Tonpapiers schreiben Sie dann „Gegen Mobbing – Hand drauf!“. Das Plakat wirkt am schönsten, wenn es auf Augenhöhe der Kinder hängt. Auf diese Weise können die Kinder dann der Reihe nach ihre Hand auf den aufgezeichneten Handumriss legen und passend dazu z. B. sagen:

„Ich bin gegen Mobbing, weil niemand es verdient hat, ausgegrenzt zu werden.“

Oder:

„Ich bin gegen Mobbing, weil ich ein solches Verhalten keinesfalls tolerieren werde!“

Hinweis:
Diese Praxisidee eignet sich als Ritual. Immer wenn Sie mit den Kindern über das Thema „Mobbing und Gewalt“ gesprochen haben, können die Kinder der Reihe nach ihre rechte Hand auf den aufgezeichneten Handumriss legen und dabei z. B. den Satz „Ich bin gegen Mobbing und Gewalt!“ sagen.

Variante für 3. und 4. Klasse:
Die Kinder wiederholen alle den Satz, den ein Kind, das gerade die Hand auf den aufgezeichneten Handumriss legt, formuliert hat. Erst dann ist ein anderes Kind an der Reihe, das nun seinen Hand auf den aufgezeichneten Handumriss legen und schließlich einen neuen Satz so wie im vorherigen Spiel beschrieben formulieren darf.

Eine gute Möglichkeit, um den Kindern jeden Tag aufs Neue bewusst zu machen, dass Mobbing und Gewalt in der Schule keinen Platz hat, kann ein Plakat im Klassenzimmer oder gar im Schulhaus sein, auf dem das dann kurz und bündig zu lesen ist.

Respekt, Höflichkeit, Wertschätzung, ...

Zielgruppe: 1. und 2. Klasse

Material: 1 Softball, für jedes Kind 1 Arbeitsblatt, s. S. 153 und 1 Stift

Zeitaufwand: 20–30 Minuten

Spielverlauf:
Die Kinder stehen im Kreis beisammen und sollen sich auf Ihre Bitte hin ein paar Gedanken in Bezug auf ein gutes Miteinander und entspanntes Lernen im Klassenzimmer machen. Wie sollte man miteinander umgehen, damit sich alle in der Klasse wohl und dazugehörig fühlen?
Eines der Kinder holt sich einen Softball und sagt z. B.:

„Wir verwenden keine bösen Ausdrücke!"

Dabei blinzelt es einem anderen Kind zu, dem es den Ball zuwirft. Kaum hat das zweite Kind den Ball gefangen, sagt es z. B.:

„Wir tun den anderen nicht weh!"

Danach blinzelt es ein weiteres Kind an, dem es den Ball zuwirft.
Auf diese Weise geht's immer weiter, bis alle Kinder den Ball zumindest einmal erhalten haben und dazu Stellung nehmen konnten.
Im Anschluss daran erhalten alle Kinder jeweils ein kopiertes Arbeitsblatt, das sie ausfüllen und später auch für den Anti-Mobbing-Vertrag von S. 154 nutzen können.

Variante für 3. und 4. Klasse
Das Ballspiel verläuft links im Kreis herum. Dabei darf immer dasjenige Kind, das gerade den Ball hat, das zuvor Gesagte wiederholen, bevor es etwas Neues hinzufügt. Die übrigen Kinder passen dabei gut auf und greifen, falls nötig, hilfreich ein.
Danach erhalten alle Kinder jeweils ein kopiertes Arbeitsblatts zum Ausfüllen.

Respekt, Höflichkeit, Wertschätzung ... (Arbeitsblatt)

Jedes Kind fühlt sich in einer Klasse wohl, in der es gut aufgenommen, akzeptiert, und verstanden wird. Damit jedoch ein gutes soziales Klima in der Klasse entstehen kann, bedarf es einiger Regeln, die Du Dir nun gut überlegen und aufschreiben darfst. Sollte der Platz nicht ausreichen, darfst Du auf der Rückseite einfach weiterschreiben. Drei Beispiele hierfür wurden bereits aufgeschrieben.

Ich

- melde mich per Handzeichen wenn ich etwas sagen möchte, und warte, bis ich das Wort habe
- bin freundlich zu anderen
- akzeptiere meine Mitschüler*innen so, wie sie sind
-
-
-
-
-
-
-
-
-
-

Anti-Mobbing-Vertrag

Zielgruppe: 1. und 2. Klasse

Material: 1 weißes DIN-A4-Blatt Papier, Stifte; evtl. die von den Kindern ausgefüllten Arbeitsblätter, Foto auf S. 155

Zeitaufwand: 20–30 Minuten

Spielverlauf:
Setzen Sie mit den Kindern gemeinsam einen Vertrag auf, der alle wichtige Regeln gegen Mobbing und Gewalt enthält und den jedes Kind am besten an Ihrem Schreibtisch vor den Augen der anderen unterzeichnen darf. Dabei ist es wichtig, dass die Kinder relevante Regeln für ein soziales Miteinander finden und formulieren. Hierbei können sie ihr ausgefülltes Arbeitsblatt von S. 153 zur Hand nehmen und somit das, was auf ihrem Papier steht, in die Runde mit einfließen lassen. Unabhängig davon stimmen die Kinder per Handzeichen ab, welche Regeln ihnen besonders am Herzen liegen, die positiv formuliert dann so lauten können:

Wir ...

- begegnen uns freundlich
- reden miteinander und nicht übereinander
- hören einander zu und lassen uns ausreden
- achten einander
- akzeptieren und respektieren andere Meinungen
- verhalten uns so, wie wir auch gerne behandelt werden möchten
- zeigen Toleranz
- helfen Schwächeren
- lösen Probleme gewaltfrei

Im Anschluss daran können Sie noch den Satz hinzufügen: „Ich werde die Regeln gerne einhalten und erkläre mich damit einverstanden, dass ich bei Regelverstößen auch die Konsequenzen dafür tragen!" Zum Schluss folgen dann die Unterschriften.

Variante für 3. und 4. Klasse:

Die Kinder schreiben nacheinander jeweils einen Satz auf den Anti-Mobbing-Vertrag bzw. auf das Blatt Papier, den alle befürworten müssen. Ansonsten verläuft alles so wie weiter oben beschrieben.

Ein Anti-Mobbing-Vertrag macht nur Sinn, wenn alle seine Bedeutung kennen und sich durch ihre Unterschrift bereit erklären, sich an die Vereinbarungen zu halten. Gleichzeitig muss den Kindern bewusst sein, dass Regelverstöße verschiedene Konsequenzen haben, die alle im Vorfeld kennen sollten und für alle verbindlich sind.

Wir dulden kein Mobbing

Zielgruppe: 1. und 2. Klasse

Material: für jedes Kind 1 rundes Faltpapier, 1 Stift, 1 Handtrommel, 1 gelbes DIN-A3-Tonpapier, Reißnägel oder Klebestreifen

Zeitaufwand: 20–30 Minuten

Spielverlauf:
Schreiben Sie auf die Hälfte der Kreise jeweils die Zahl 1 und auf alle übrigen den Buchstaben A.
Zum Rhythmus des Trommelspiels laufen alle Kinder im Klassenzimmer herum und tauschen, sobald sie sich begegnen, untereinander ihre Kreise aus.
Irgendwann hören Sie zu trommeln auf, sodass die Kinder jeweils ein Team mit der Zahl 1 und dem Buchstaben A bilden können. Jedes Team setzt sich zusammen an einen Tisch und überlegt, was sie bei dem geringsten Verdacht tun können, damit sie keine stillschweigende Zuschauer*innen im Hinblick auf Mobbing und Gewalt werden. Miteinander treffen sich beide Teams im Kreis und teilen sich gegenseitig ihre Antworten mit. Schreiben Sie das, was beide Teams befürworten, auf ein Plakat auf, das Sie dann im Klassenzimmer, z. B. neben den Anti-Mobbing-Vertrag (s. S. 154), aufhängen können. Auf diesem Plakat kann dann Folgendes stehen:

Wir ...

- schauen nicht einfach weg, wenn andere gemobbt werden
- versuchen Mitschüler*innen zu helfen, die ausgegrenzt werden
- ermutigen Mitschüler*innen, die gemobbt werden, die Schikanen zu melden
- unterstützen alle Maßnahmen für ein mobbingfreie Schule

Variante für 3. und 4. Klasse:
Die Kinder gehen zu zweit zusammen und überlegen sich ein paar Sätze, die klarstellen, dass sie bei Mobbing und Gewalt nicht einfach wegschauen. Immer eines von beiden trägt dann das, was sie gemeinsam besprochen haben, im Stuhlkreis vor.
Miteinander überlegen dann alle, was auf dem Plakat stehen soll.

Indem die Kinder als Team zusammenarbeiten, wird der Wir-Gedanke gefördert. In Bezug auf Mobbing und Gewalt sollen die Kinder zunächst im kleinen Kreis miteinander Vereinbarungen gegen Mobbing und Gewalt treffen lernen, bevor sie ihre Ideen als Team den anderen vorstellen und diese dann auch in der Klasse von allen befürworten können.

Was tun bei Regelverstößen?

Zielgruppe: 1. und 2. Klasse

Material: 1 hellrotes DIN-A2-Blatt Tonpapier, 1 Stift; evtl. für jede Kleingruppe 1 weißes DIN-A4-Blatt Papier und 1 Stift

Zeitaufwand: 10–15 Minuten

Spielverlauf:

Fragen Sie die Kinder, was man tun kann, wenn ein Kind die vereinbarten Regeln missachtet und somit gegen den Anti-Mobbing-Vertrag von S. 154 verstößt. Die Kinder bekommen ca. eine Minute Bedenkzeit, bevor sie sich äußern dürfen. Rufen Sie die Kinder der Reihe nach auf, die sich per Handzeichen melden. Nach jedem Vorschlag soll die Klasse darüber abstimmen, ob sie damit einverstanden sind. Der Beschluss sollte einstimmig sein.

Ziel ist es, dass es drei bis fünf einstimmige Beschlüsse gibt, die Sie dann schriftlich auf dem Tonpapier festhalten. Machen Sie den Kindern bewusst, dass die Beschlüsse nicht für schwerwiegende Regelverletzungen gelten. Im letzten Fall kann dann nicht nur ein Gespräch mit den Eltern erfolgen, sondern es können zusätzlich Ordnungsmaßnahmen von der Klassenkonferenz beschlossen werden, die übrigens auch die Schulleitung vorläufig kurzfristig anordnen kann. Folgende Maßnahmen bei Regelverstößen können z. B. vereinbart und von Ihnen aufgeschrieben werden:

Wer sich nicht an die Regeln hält, muss ...

- den Klassenraum oder Pausenhof saubermachen
- die verlorene Unterrichtszeit in der Pause nachholen
- in der Pause in der Nähe von der Pausenaufsicht bleiben
- sich schriftlich Gedanken über sein Verhalten machen
- für eine gewisse Zeit in einem von einem anderen Lehrer beaufsichtigen Ruheraum bleiben

Variante für 3. und 4. Klasse

Die Kinder bilden Kleingruppe und überlegen sich, welche Maßnahmen sie bei Regelverstößen für sinnvoll erachten. Jede Kleingruppe schreibt ihre Vorschläge auf, die im Plenum bzw. in der großen Runde im Stuhlkreis besprochen und mög-

lichst einstimmig beschlossen und letztendlich von Ihnen auf einem Plakat bzw. hellroten Tonpapier aufgeschrieben werden.

Wer gegen eine Regel verstößt, kann einmal verwarnt werden. Dabei können Sie z. B. einen gelben Kreidekreis auf die Tafel malen. Sollte jedoch das Kind sein Fehlverhalten wirklich einsehen, sich aufrichtig entschuldigen und ernsthaft Besserung geloben, dann darf es den gelben Kreis natürlich wieder entfernen.

Der heiße Stuhl

Sozialform: 1. und 2. Klasse

Material: 1 Stuhl, der sich z. B. in der Größe von den anderen unterscheidet

Zeitaufwand: 10–15 Minuten

Spielverlauf

Die Kinder bilden einen Stuhlkreis. Auf dem heißen Stuhl, der sich von den anderen gut unterscheiden lässt, darf sich dasjenige Kind setzen, das aktuell mit einem oder mehreren Kindern in einen Konflikt verwickelt ist oder einfach über das, was es gerade bedrückt, sprechen möchte. Während das Kind auf dem Stuhl sitzt, sollen die anderen einfach zuhören.

Im Anschluss daran dürfen diejenigen Kinder, die sich per Handzeichen melden, der Reihe nach ihre Fragen stellen oder einfach dazu Stellung nehmen, indem sie dem Kind z. B. Hilfsangebote machen.

Variante für 3. und 4. Klasse:

Die Kinder, die gerade nicht das Wort haben, sollen aktiv zuhören, indem sie zu dem Kind, das auf dem besagten Stuhl sitzt, Blickkontakt halten und es nicht unterbrechen. Danach können sie der Reihe nach im Uhrzeigersinn die Gefühle und das Gesagte verbalisieren und gegebenenfalls auch nachfragen, ob sie den Inhalt richtig verstanden haben. Auf diese Weise signalisieren sie, dass sie sich für das, was das Kind gesagt hat, interessieren. Dabei zeigen sie auch, dass sie versuchen, das Kind zu verstehen und üben so ganz nebenbei das aktive Zuhören.

Für einen guten Unterrichtsverlauf ist es wichtig, dass alle Kinder konzentriert, motiviert und interessiert zugleich sind. Bemerken Sie jedoch, dass es in der Klasse ein Problem mit einem oder mehreren Kindern gibt, dann bietet sich ein Gespräch im Stuhlkreis geradezu an, bei dem alle Beteiligten der Reihe nach erstmal das, was ihnen auf der Seele brennt, loswerden können. Indem die Kinder miteinander versuchen Lösungswege zu finden, wird natürlich auch Mobbing und Gewalt entgegengewirkt.

Es tut mir von ganzem Herzen leid

Sozialform: 1. und 2. Klasse

Material: 1 Handtrommel; evtl. 4 Markierungskegel

Zeitaufwand: 5–10 Minuten

Spielverlauf:
Zu Beginn sollten Sie den Kindern mitteilen, dass eine Entschuldigung von Herzen kommen und somit wirklich ernstgemeint sein soll. Es ist wichtig, dass die Kinder wissen, wofür sie sich entschuldigen und was sie in Zukunft besser machen sollten, damit die gleichen Fehler nicht wiederholt werden. Wie eine aufrichtige Entschuldigung aussehen kann, können die Kinder auf einem übersichtlichen Spielfeld üben, das sich mithilfe von vier Markierungskegeln leicht kennzeichnen lässt.
Zum Rhythmus des langsamen Trommelspiels, das durch Sie erfolgt, geht die Hälfte der Klasse kreuz und quer auf dem Spielfeld herum und deutet mit den Zeigefingern und Daumen jeweils ein Herz an, um zu signalisieren, dass sie sich herzlich entschuldigen möchten. Sollte eine ungerade Anzahl an Kindern mitspielen, dann machen Sie einfach mit. Alle übrigen Kinder lassen ihren Kopf hängen und gehen traurig auf dem Spielfeld herum. Sobald jedoch das Trommeln verstummt, bleiben die „traurigen" Kinder stehen und warten auf eine Entschuldigung. Während nun ein Kind auf ein traurigen Kind zugeht und vor ihm stehenbleibt, hält es freundlich Blickkontakt und entschuldigt sich aufrichtig, indem es z. B. sagt:

„Es tut mir von Herzen leid."

In der zweiten Spielrunde tauschen alle ihre Rollen und wiederholen das Spiel, sodass sich jedes Kind einmal bei einem anderen aufrichtig per Handschlag entschuldigen konnte.

Variante für 3. und 4. Klasse:
Jedes dritte Kind kniet sich auf den Boden hin und tut so, als ob es traurig wäre. Die übrigen Kinder gehen paarweise oder zu dritt im Takt zum Trommelspiel so lange auf dem Spielfeld herum, bis das Trommelspiel stoppt. Jedes Paar oder 3er-Team sucht sich ein trauriges Kind aus, um sich bei diesem nun zu zweit oder zu dritt so wie im vorherigen Spiel beschrieben zu entschuldigen. Zu diesem Zweck steht jedoch das „traurige" Kind auf.

Es empfiehlt sich, dem Kind, das z. B. ein anderes Kind schikaniert und gemobbt hat, nach einem klärenden Gespräch etwas Zeit zu geben, damit es seine Missetat selbst einsehen kann. Das Kind muss echtes Verständnis für das betroffene Kind entwickeln und verstehen lernen, warum sein Verhalten falsch gewesen ist. Danach können Sie dem Kind vorschlagen, falls noch nicht geschehen, sich zu entschuldigen. Eine erzwungene Entschuldigung hingegen kann u. a. eine innere Wut gegen das betroffene Kind auslösen, sodass danach der Konflikt sogar noch heftiger werden kann.

Anhang

Register

Literatur

Cech-Wenning, Stephanie (2018): Wir werden eine Klassengemeinschaft: Soziales Lernen in der Grundschule – mit zahlreichen Kopiervorlagen. Mülheim an der Ruhr: Verlag an der Ruhr.

Blauert, Dennis (2019): Keine Gewalt im Klassenzimmer: Übungen und Methoden zur Gewaltvermeidung und Konfliktlösung in der Grundschule. Augsburg: Auer.

Erkert Andrea (2012): Die 50 besten Spiele zum Abbau von Aggressivität. München: Don Bosco.

Erkert, Andrea (2021): Im Morgenkreis den Teamgeist wecken: Teamspiele für Kindergartenkinder leicht gemacht. Dortmund: verlag modernes lernen.

Erkert, Andrea (2020): Lasst uns an einem Strang ziehen: Teambuilding-Spiele für Kinder im Alter von 5 bis 8 Jahren. Dortmund: verlag modernes lernen.

Erkert Andrea (2020): Tschüss, Ärger, Zorn und Wut: Spielerisch mit Wut und anderen negativen Emotionen umgehen lernen. Lahr: Kaufmann.

Erkert, Andrea (2009): Streiten, helfen, Freunde sein: Spiele, Lieder und anregende Angebote zur Förderung von Toleranz, emotionaler und sozialer Kompetenz in Kindergarten und Grundschule. Aachen: Ökotopia.

Erkert, Andrea (2021): Wir bleiben cool! Spielerisch innere und äußere Störreize ausblenden und sich selbst regulieren. Lahr: Kaufmann

Grabe Astrid und Dosch, Elke (2014): 77 Ideen – Soziales Lernen in der Grundschule: Praxisratgeber mit Spielen und Materialien. Mülheim an der Ruhr: Verlag an der Ruhr.

Kurt, Aline (2020): 30 × soziales Lernen für 45 Minuten – Klasse 1/2: Fertige Stunden zur Förderung der Sozialkompetenz. Mülheim an der Ruhr: Verlag an der Ruhr.

Kurt, Aline (2015): 30 x soziales Lernen für 45 Minuten - Klasse 3/4: Fertige Stunden zur Förderung der Sozialkompetenz. Mülheim an der Ruhr: Verlag an der Ruhr.

Petillon,Hanns (2017): Soziales Lernen in der Grundschule - das Praxisbuch. Weinheim: Beltz

Rossa, Robert und Rossa, Julia (2016): Die 50 besten Anti-Mobbing-Spiele. München: Don Bosco.

Stochert, Nobert (2021): Die 50 besten Spiele zur Förderung der Klassengemeinschaft: Für 8 - bis 12-Jährige. München: Don Bosco.

Über die Autorin

Andrea Erkert ist Erzieherin, Entspannungspädagogin und Fachlehrerin einer Grundschulförderklasse in der Nähe von Stuttgart und verfügt über mehrjährige Berufserfahrung als Leiterin eines 5-gruppigen Kindergartens. Seit über 30 Jahren bietet sie im In- und Ausland praxisnahe Fortbildungen und Elternabende, auf Wunsch auch online, zu verschiedenen pädagogischen Themen an. Nicht zuletzt hat sie sich als Autorin spielpädagogischer Bücher einen Namen gemacht. Die Autorin hat bereits zahlreiche spielpädagogische Bücher veröffentlicht, von denen die meisten in mehrere Sprachen übersetzt wurden. Inzwischen gehören ihre Veröffentlichungen zur Standardausstattung vieler Kinderkrippen und Kindergärten und werden auch in Horten und in der Grundschule häufig eingesetzt.

Sie können Andrea Erkert für Fortbildungen und Elternabende u. a. zu dem Thema „Mobbing und Gewalt" buchen.

andrea.erkert@icloud.com
Tel. 07191 908357
Mobil: 0151 18533976

Raum für Notizen

Raum für Notizen

Raum für Notizen

Raum für Notizen

Ausgezeichnete Bücher für Ihre Praxis ...

vml Perspektiven

shortlist 2016 die schönsten deutschen bücher

Mariele Diekhof

Kita KITOPIA

Eine Reise ins Land der spannenden Pädagogik für PädagogInnen und Eltern
Ein Abenteuer-Fachroman der ganz besonderen Art

Dieses Buch beschreibt in faszinierend ungewohnter Art und Weise, wie gute Pädagogik in Kitas gelingen kann: mit erfolgreicher Bildungsarbeit, fernab vom Überaktionismus und der allgemein verbreiteten Angebotspädagogik. Es ist eine Einladung zu einer abenteuerlichen und spannenden Reise, die in ein aufregendes Land führt, in ein Land voller Phantasie, Zauberei, Bildung und Lebenslust. Alles spielt in der „KITOPIA", in einer virtuellen Kita, in der die Kinder Kind sein dürfen und von herzlichen und professionellen ErzieherInnen begleitet werden. Das Buch schenkt unzählige Einblicke hinter die Kulissen, weckt die Neugier und eröffnet völlig neue Denkansätze.

24 Türen warten darauf geöffnet zu werden: Hinter jeder Tür verbergen sich bunte Bilder, Begegnungen und inspirierende Geschichten, die zum Staunen, Lachen und Nachdenken anregen. Die Leser werden kleinen und großen Menschen begegnen, von ihren Träumen, Wünschen und Visionen erfahren und sie im alltäglichen Tun begleiten. Sie sind mittendrin im pulsierenden Alltag, spüren die Lebenslust und die Leichtigkeit.

(2016 in der Shortlist der Stiftung Buchkunst, als eines der schönsten Bücher Deutschlands.)

„Freiheit, Abenteuer, Lebenslust statt Förderwahn und Leistungsfrust! Es gibt noch viele interessante Ideen in dem Buch, z.B.: Die Tür zum Büro der Leitung, Die Tür zur Kinderkonferenz, Die Tür zur Eltern-Klön-Ecke. Ich bin so begeistert von diesem Konzept, dass ich jedem nur empfehlen kann, das Buch zu lesen und zu spüren, wie viel Leichtigkeit und Spaß die Arbeit in einem Kindergarten beinhalten kann." Britta Fichert, Theraplay – Schwierige Kinder Journal

„Es ist wohltuend, in der aktuellen Menge frühpädagogischer Literatur genau dieses Buch in den Händen zu halten. Es theoretisiert nicht herum, konzentriert sich von Anfang an auf die Praxis, folgt keinen dogmatischen Pädagogiktrends, läuft keiner bildungspolitischen Strömung hinterher und bringt stets das Wesentliche, ohne Umschweife, auf den Punkt." Dr. Armin Krenz, KiTa aktuell

4. Aufl. 2021, 320 S., zweifarbig, Format 16x23cm, Klappenbroschur

Isolde Albers / Anja Reincke

Zwei kleine Kreise gehen auf die Reise ...

Mal-Reime: Wie Hand und Mund sich helfen – Mit kognitiven Strategien und Kreativität zum Erfolg

Dies ist ein Buch für alle, die Kinder und Enkelkinder zum Malen verführen wollen. Das Besondere der Mal-Reime ist, dass zeitgleich gesprochen und gemalt wird. So entsteht Schritt für Schritt „mit Hand und Mund" ein schönes Bild, das mit Phantasie und Kreativität weiter ausgeschmückt werden kann. Ein wunderbares Buch, das kleine und große Künstler erfolgreich und stolz machen wird. Spaß und Freude am Prozess und am Ergebnis der Mal-Reime sind garantiert!

„Die Zeichnungen und Texte sind ganz einladend, ansprechend und liebevoll gestaltet. Da bekommt man sofort Lust loszuzeichnen!!! So ein Buch hat uns wirklich gefehlt. Endlich einmal sinnvoll und nicht so langweilige Grafomotorikblätter ..." Britta Winter, Ergotherapeutin

„Meine Enkelin (3) und ich haben einen Riesenspaß mit den 'Strich-Malereien'. Mein Sohn (Logopäde) ist ebenfalls begeistert." Leserstimme

„Ich bin begeistert von diesem Buch! Schon lange habe ich mir so etwas gewünscht. Herzlichen Dank den Autorinnen!" Erzieherin

3. Auflage 2019, 116 S., farbige Abb., Format DIN A4, Ringbindung, Alter: 4-99, **ISBN 978-3-8080-0734-1 | Bestell-Nr. 1606 | 18,80 Euro**

Ursula Hahnenberg / Daniela Diephaus

Das große Förder-Spiele-Buch 1

2-4 Jahre

Eltern, Erzieher und Therapeuten haben ein gemeinsames Ziel: sie wollen Kinder optimal auf die vielfältigen Anforderungen, mit denen sie heute täglich konfrontiert werden, vorbereiten. In diesem Buch werden fachkundig und verständlich Spiele, Basteleien und Beschäftigungsmöglichkeiten aufgezeigt, mit denen Wahrnehmung, Grob- und Feinmotorik, Kognition, Kreativität, Sprache und Persönlichkeit gefördert werden.

Hier werden einfache und kostengünstige Ideen für Kinder ab 2 Jahren vorgestellt, die ergotherapeutisch kommentiert und in der Praxis erprobt sind. Übersichtliche Darstellungen helfen dabei, schnell die richtige Beschäftigung für jede Gelegenheit zu finden. Ein unentbehrlicher Ideenratgeber für ErzieherInnen, TherapeutInnen und die ganze Familie!

„Das Buch ist meiner Meinung nach ideal geeignet für Eltern mit Kindern zwischen 2-4 Jahren. Alle Spiel- und Beschäftigungsideen kann man mit sehr geringem Material- und Zeitaufwand umsetzen.

Für alle Eltern, angehende Erzieherinnen und Krippenpersonal kann das Buch durch die Fülle und die Angebotsbreite eine sehr sinnvolle Ideensammlung sein." Daniela Pfaffenberger, Erzieherin

3. Aufl. 2019, 176 S., farbige Abb., 16x23cm, Klappenbroschur, Alter: 2-4
ISBN 978-3-938187-68-5 | Bestell-Nr. 9417 | 16,95 Euro

Schleefstraße 14, D-44287 Dortmund
Telefon 02 31 12 80 08, Fax 02 31 12 56 40
E-Mail: info@verlag-modernes-lernen.de
Leseproben und Bestellen im Internet: www.verlag-modernes-lernen.de

Soziales Lernen und Entspannung in Kita und Grundschule

Dieter Krowatschek / Gordon Wingert / Gita Krowatschek

Soziales Lernen – pur!

Beliebte Übungen für die Arbeit in Gruppen

„Die durchdachten und wohlerprobten Übungen und Methoden beinhalten Neues und Bekannt-Bewährtes und scheinen mir zieldienlich zur Anbahnung und zum Aufbau sozialer Kompetenzen im pädagogischen Alltag. Sie sind vermutlich kein Allheilmittel und werden ihre Grenzen haben, wenn es um SchülerInnen mit hohem psycho-sozialen Förderbedarf geht. Sie dienen aus meiner Sicht eher dazu, Kinder zu lehren zum Brunnen zu gehen als dass sie Methoden oder Handwerkszeug zur Verfügung stellen, wenn das Kind – die Kinder und Jugendlichen bzw. die Klassensituation – in den Brunnen gefallen ist, sie dort wieder herauszuholen, da werden weitere Konzepte und Maßnahmen erforderlich sein.

Ich wünsche dem Buch viele LeserInnen, die es nicht nur als Sammlung von schnell einsetzbaren Tools nutzen, sondern im Sinne der AutorInnen ein Konzept von sozialem Lernen als Grundlage ihres schulischen und pädagogischen Handelns in ihre tägliche Unterrichtsgestaltung einbetten. Geeignet scheint es mir für den Einsatz vorrangig in Grund- und Förderschulen sowie in den unteren Stufen weiterführender Schulen."
Cornelia Tsirigotis, systhema

4. Aufl. 2019, 224 S., 16x23cm, Klappenbroschur, Alter: 6–66

Dagmar Pflug

Sich-fühlen • mit-fühlen • wohl-fühlen

Methodenhandbuch zur Thematisierung von Gefühlen 14 Gefühlskarten für die Arbeit mit Kindern und Jugendlichen

„Wie geht es dir gerade?"
Wenn andere meine Gefühle ernstnehmen, so gelingt mir dies auch viel besser, und ich fühle mich angenommen in der Gemeinschaft – eine wesentliche Voraussetzung für soziales Lernen und Anpassungsbereitschaft.

Dieses Handbuch enthält neben 14 Gefühlskarten klar verständliche (Spiel-) Anleitungen, um Gefühle zum Thema zu machen. Sie sind gezielt einsetzbar, um das Gruppen- und Arbeitsklima zu verbessern, das Selbstbewusstsein und die Wahrnehmung zu fördern, die sozialen Kompetenzen zu stärken, Konflikte zu bearbeiten, und sie dienen der Gewaltprävention.

Die Arbeit mit den Karten ist einfach, macht Spaß und erfordert kaum Vorbereitung – sie sind mit den Beschreibungen der spielerischen Übungen wertvolles Handwerkszeug für die Arbeit in Schule, Kindergarten, Hort oder ähnlichen Gruppengefügen.

3. Aufl. 2019, 48 S., 14 farbige Gefühlskarten zum Ausschneiden, UV-beständiger Drucklack, Format DIN A5, Ringbindung, Alter: 5–18

ISBN 978-3-942976-03-9 | Bestell-Nr. 9448 | 16,80 Euro

Dieter Krowatschek / Uta Theiling

Geschichten von der Fly

Entspannung für unruhige, unauffällige, übermütige und ängstliche Kinder

„Manchmal helfen ganz einfache Dinge, um sich zu entspannen. Zum Beispiel die ‚Geschichten von der Fly'. Jede Vorlesegeschichte ist eingebunden in eine Einstimmungs- und Rücknahmephase. Das Buch nutzt Mechanismen des autogenen Trainings und kann erfolgreich auch von Eltern oder Erzieherinnen genutzt werden, die unerfahren in dieser Technik sind. Neben den Geschichten enthält es Informationen zum Thema Entspannung und zur Wirkungsweise des autogenen Trainings. Beigelegt ist eine Musik-CD mit ruhiger Instrumentalmusik. ‚Die Geschichten von der Fly' helfen auch dem achtjährigen Adrian, um zur Ruhe zu kommen.' Besonders seit er in der Schule ist, hat er Probleme beim Einschlafen. Er kommt nicht raus, aber er liegt ein bis zwei Stunden wach im Bett", berichtet seine Mutter Christiane R. In der Ergotherapie hat er gelernt, seine Unruhe mit ‚Schattenboxen' oder ‚Äpfel pflücken' etwas in den Griff zu bekommen. ‚Er spürt selbst, wenn ihm was gut tut', erzählt seine Mutter. Außerdem liest sie ihm Flys Erlebnisse vor, wodurch das Einschlafen besser klappt." wirbelwind, JAKO-O

4. Aufl. 2019, 192 S., ganzseitige farbige Abb., Beigabe: Audio-CD (identisch mit der Musik aus „Mit dem Zauberteppich unterwegs"), Format 16x23cm, fester Einband | Alter: 5–12

ISBN 978-3-938187-50-0 | Bestell-Nr. 9400 | 26,80 Euro

Dieter Krowatschek / Caroline Reid

Die Fly reist um die Welt

Neue Entspannungsgeschichten für unruhige, unauffällige, übermütige und ängstliche Kinder

„Die vielen liebevollen Illustrationen sind sehr farbenfroh und mitreißend. Sie laden sofort zum Blättern und Schmökern ein. Sie sind für ganz besondere Kinder mit ADS oder anderen Aufmerksamkeitsstörungen bestens geeignet und machen diese Werke zu nützlichen Werkzeugen und gleichzeitig vergnüglichen Geschichten." A.-Chr. Lanari, Düsseldorfer Lesefreunde

„Absolut empfehlenswert!" Barbara Zeipper, ergotherapie (A)

„Das Buch eignet sich in Schulklassen, Kindergärten bzw. -gruppen sowie zum Vor- und Selberlesen in ganz unterschiedlichen pädagogischen und therapeutischen Kontexten. Selbst die letzte Geschichte ‚Die Fly hat einen Traum' und es um den Tod der Hündin geht, hat etwas Tröstliches, sollte aber mit Bedacht und Vorbereitung ausgewählt werden. Ansonsten sind die übrigen Geschichten unvermittelt einsetzbar. Das Buch ist unbedingt zu empfehlen und wird Kindern unterschiedlicher Bedürfnisse helfen, mit ihrer Unruhe und ihren Ängsten besser klarzukommen." Detlef Rüsch, amazon.de

4. Auflage 2020, 200 S., farbige Abb., Format 16x23cm, fester Einband | Alter: 5-12

ISBN 978-3-938187-73-9 | Bestell-Nr. 9422 | 22,80 Euro

Schleefstraße 14, D-44287 Dortmund
Telefon 02 31 12 80 08, Fax 02 31 12 56 40
E-Mail: info@verlag-modernes-lernen.de
Leseproben und Bestellen im Internet: www.verlag-modernes-lernen.de